2022

建设管理研究

Construction Management Research

《建设管理研究》编委会　主编

重庆大学出版社

图书在版编目（CIP）数据

建设管理研究. 第五辑／《建设管理研究》编委会
主编. -- 重庆：重庆大学出版社，2023.10
ISBN 978-7-5689-3833-4

Ⅰ. ①建… Ⅱ. ①建… Ⅲ. ①工程项目管理—研究
Ⅳ. ①F284

中国国家版本馆 CIP 数据核字（2023）第 056511 号

建设管理研究（第五辑）
JIANSHE GUANLI YANJIU
《建设管理研究》编委会　主编
策划编辑：陈　力　林青山
责任编辑：张红梅　　版式设计：林青山
责任校对：刘志刚　　责任印制：赵　晟

*

重庆大学出版社出版发行
出版人：陈晓阳
社址：重庆市沙坪坝区大学城西路 21 号
邮编：401331
电话：（023）88617190　88617185（中小学）
传真：（023）88617186　88617166
网址：http://www.cqup.com.cn
邮箱：fxk@cqup.com.cn（营销中心）
全国新华书店经销
重庆市正前方彩色印刷有限公司印刷

*

开本：787mm×1092mm　1/16　印张：10　字数：180 千
2023 年 10 月第 1 版　　2023 年 10 月第 1 次印刷
ISBN 978-7-5689-3833-4　定价：40.00 元

编委会
Editorial board

前 言
Foreword

  我国城市化进程与重大工程建设对拉动内需、增加就业、服务民生、促进经济社会协调发展、推动实施创新驱动发展国家战略都具有重要意义,同时也对建设管理与房地产业的发展创新提出了更大的挑战。面对全球城市建设蓬勃发展的时代,以工程建设领域为范畴的研究备受全球学者关注。现代工程不仅涉及重要的科技问题,同时也涉及组织问题、社会问题和经济问题,是需要多学科协同解决的复杂问题。这迫切需要相关的学术平台进行传播,提供相关理论和研究成果供学者和业界专家进行交流、学习。由重庆大学管理科学与房地产学院、中华建设管理研究会组织的《建设管理研究》以崇尚科学、注重创新、关注学术前沿、促进国内外学术交流为目标,成为展示全球建设领域的管理、经济、法律等方面的理论研究和实践应用的最新成果的重要载体平台,促进了国内外学者在建设、社会和环境等多学科上的合作与协作,提升了我国建设管理领域的科学研究水平,引导、鼓励、支持和推动了建设管理知识的探索和创新。

  《建设管理研究》以建设管理领域及相关学科的理论和应用研究成果为主要内容,涵盖建设项目规划与设计管理、工程(质量、安全、工期、成本、环境、风险)管理、可持续建设、城乡规划、城市建设与管理、国际工程管理、建设工程法律与政策、建筑与房地产合同管理、建筑与房地产人力资源管理、信息技术应用、工程项目采购管理、建筑与房地产财务管理、建筑与房地产企业竞争力和竞争策略、基础设施项目管理、大型和复杂工程项目管理等方面的内容。本次共收录论文10篇,其中论坛综述1篇,工程管理2篇,区域经济1篇,城市发展与土地利用2篇,建筑与房地产竞争策略4篇。

　　值本书付梓之际，感谢各方面专家学者满怀热情地参与本书编辑、指导和推广工作，为本书提供难得的智力支持和发展氛围，感谢各位作者分享他们的研究成果，感谢审稿专家对稿件提出的建设性意见，感谢编辑部同仁与重庆大学出版社编辑们，他们的高效工作最终使本书得以和读者见面。

2023 年 11 月 15 日

目 录

Contents

1 演化博弈视角下融资限制对房地产业竞争格局的影响研究

单雪芹,陈蜀娇

12 重庆市主城区居住空间分异及影响因素研究

黄冠紫

28 影响工程供应商服务绩效的因素探究

向鹏成,刘 禹

46 价值链视角下信息化对我国建筑业升级的影响研究

徐鹏鹏,唐 柳

63 基于多源数据的城市商业网点布局时空演变特征及影响因素研究——以重庆市主城区为例

王 莹,周 滔

79 大数据在我国城市可持续发展中应用的研究综述——基于文献计量学和信息可视化的方法

申立银,吴 莹,张 羽,舒天衡,何虹熳,孟聪会

95 我国城市非正规空间现象、辨析和治理建议

向鹏成,戴梦云

107 基于系统动力学的国际工程项目人员属地化风险研究

　　向鹏成,冯起兴,戴梦云

123 绿色实践驱动下建筑企业联盟的成本动机与联盟绩效关系的系统动力学

　　分析

　　赵艳玲,张博晗

140 持有型物业对上市房地产企业价值的影响研究

　　王贵春,张春柏

演化博弈视角下融资限制对房地产业竞争格局的影响研究

单雪芹,陈蜀娇

（重庆大学 管理科学与房地产学院,重庆 400044）

摘　要:国家通过试点"三道红线"等房地产融资外部监管政策,促进房地产业健康稳定发展,这将对房地产业未来发展格局产生影响。选取不同类型房地产企业为研究主体,以企业利益最大化为目标,建立演化博弈模型,以验证融资限制对房地产业未来竞争格局的影响。结果显示,在融资监管日趋密集的情况下,房地产市场在长期演化过程中会向着"强者愈强,弱者愈弱"的态势发展,随着行业集中度的不断提高,最终形成"领先型企业主导,追赶型企业并存"的稳定行业格局。并结合两类房地产企业的特点,提出未来企业拓宽资金来源的建议。

关键词:融资限制;房地产商;利益最大化;演化博弈;行业格局

中图分类号:F293　　　　　　　　　**文献标识码**:A

Abstract:The state has promoted the healthy and stable development of the real estate industry by piloting the "three red lines" and other external regulatory policies on real estate financing, which will have an impact on the future development pattern of the real estate industry. Different types of real estate enterprises are selected as the research subjects, and an evolutionary game model is established to verify the impact of financing restrictions on the future competition pattern of the real estate industry with the goal of maximizing corporate benefits. The results show that: in the case of increasingly intensive financing regulation, the real estate market will develop towards the trend of "the stronger the stronger, the weaker" in the long-term evolution process. With the continuous improvement of industry concentration, the stable industry pattern of "leading enterprises dominate and catch-up enterprises coexist" will eventually be formed. Combined with the characteristics of the two types of real estate enterprises, this paper puts forward some suggestions for enterprises to expand their capital sources in the future.

1 引　言

为推动房地产业长期、稳定、健康发展,防范房地产金融风险,2020 年 8 月,住房和城乡建设部、中国人民银行首次从供给端对房地产企业制定债务指标。政策涉及的 5 项指标对房地产企业财务稳健度和风险防控提出了更高的要求,如表 1 所示。其中,资产负债率是控制房地产企业的整体杠杆,除去预收账款意味着房地产企业应更重视销售这一资金来源;净负债率指标是限制房地产企业的财务杠杆和有息杠杆;现金短贷比、经营型现金流量不能连续为负是为了控制房地产企业的流动性,防止房地产企业出现资金链断裂的情况;拿地销售比则可限制房地产企业拿地和囤地,从而达到稳地价、稳房价的目的。5 项指标的出台,对房地产企业从过度依靠财务杠杆转向依靠高质量经营效益驱动的发展模式提出了全新的要求,表明只有依靠自身经营管理能力才能促进房地产企业长久、稳定发展。

表 1 "三道红线"的具体内容

	指标	计算方法	上限	红色档	橙色档	黄色档	绿色档
红线 1	资产负债率(剔除预收账款)	(总负债-预收账款)/(总资产-预收账款)	≤70%	3 个指标全部踩线,有息负债规模以 2019 年 6 月底为上限	2 个指标踩线,有息负债规模年增长率不得超过 5%	1 个指标踩线,有息负债规模年增长率不得超过 10%	3 个指标均未踩线,有息负债规模年增长率不得超过 15%
红线 2	净负债率	(有息负债-货币资金)/股东权益合计	≤100%				
红线 3	现金短贷比	非受限现金/短期债务	<1				

续表

指标		计算方法	上限	红色档	橙色档	黄色档	绿色档
观察指标1	拿地销售比	拿地金额/销售收入	≤40%	—	—	—	—
观察指标2	经营型现金流量	—	不能连续3年为负				

国家加强对房地产业融资的限制,不仅使房地产业格局、发展模式发生变化,也对房地产企业投资、开发、销售等环节产生影响。大型房地产企业发展规模增速放缓,经营压力增大,随着市场资源向优势企业转移,中小房地产企业竞争压力加剧,处境更加艰难,许多企业不得不以破产或被并购的方式出局,这导致未来房地产业的马太效应越来越强;同时,由于企业不能再通过增加财务杠杆实现"弯道超车",行业集中度将进一步提升,房地产业未来格局也会逐渐固化。

2 理论分析与研究假设

2.1 理论分析

近年来,随着企业间竞争的加剧以及频繁的互动,许多学者和企业越来越重视企业间竞争互动的规律。竞争互动是指产业内的企业通过一系列的进攻和反应活动而呈现出的动态竞争过程。在传统竞争分析中,竞争仅局限于同行业企业间,针对市场上最终的消费者而展开的针对竞争对手的经营管理活动。Porter[1]认为,竞争最显著的特征是相互影响,一个企业进攻的结果取决于另一个企业做出的反应,因此,企业间的竞争是一系列进攻与反应的互动。Chen 等人[2]进一步明确了"进攻"和"反应"的定义,即企业为了巩固或提高其竞争地位而首先发出的市场行为称为"进攻",而对进攻企业做出的反馈行为称为"反应"。但由于任何一个行业都是一个开放的系统,企业在越来越激烈的竞争环境中,除了行业内的竞争者,会越来越频繁地受到社会、政策等多方面的影响。Furrer[3]认为 Chen 等人的研究忽略了企业外部社会、政治环境的变化。美国斯坦福大学的 Baron[4]将企业的竞争行为分为基于传统竞争的市场行为和基于社会、政治环境变化而构建对企业有利的生存环境的非市场行为,并指出二者在企业竞争中具有协同、互动的作用。我国正处于经济转型的重要阶段,政府会出台相应的政策来促进各行业健康持续的发展,因此,非市场行为在中国企业的竞争研究中显得尤为重要。

我国房地产业正处于行业增速放缓、企业竞争加剧的阶段,"债多股少"的融资结构加大了房地产业的金融风险。为防范、化解房地产业的金融风险,改善房地产业融资结构,政府出台了一系列限制房地产业融资的举措。基于此,本文运用竞争互动理论,从演化博弈的角度,以"三道红线"政策试行为例,探讨在新的竞争环境中,我国房地产业竞争互动的情况以及融资限制对房地产业竞争格局的影响。

根据房地产企业可能采取的行为,将市场中的企业分为规模大、知名度高的领先型企业和规模较小、知名度低的追赶型企业。"三道红线"政策前3个指标主要限制房地产企业负债规模。领先型企业资金实力雄厚,拥有较为完备的组织架构和管理制度,可有效拓展多种融资渠道,从而有效实现降低负债的目的;而追赶型企业大多在监管制度欠缺的阶段通过加大财务杠杆而顺利进入市场,其规模较小、信用程度较低,面对新政策较难迅速拓展新的融资模式。

后两个指标主要对房地产企业经营理念提出新要求:限制拿地、囤地,要求企业更注重经营现金流。领先型企业在长期发展过程中拓展了众多配套业务,且凭借其品牌力量,在市场中占据良好的地位,吸引潜在客户的能力更强,即使地产业务板块受到了一定的限制,也能在大环境趋紧的情况下充分利用其他产业保证一定的现金流量,更好地适应政策的变动;而追赶型企业由于规模有限、经营业务单一,因而融资渠道受限,在缺乏充裕现金流且难以拿地的情况下,很难开发新项目或发展新业务模式,形成新的资金来源,从而面临较艰难的处境。

因此,领先型企业能在大环境趋紧的情况下更好地适应政策变动,在一定条件下,领先型企业通过及时调整经营管理策略,在市场中占据领导地位,不断巩固企业优势,制订相应的扩张策略,挤压其他企业的生存空间。而随着市场发展及监管制度的不断完善,在领先型企业不断增强竞争力,覆盖更多客户的情况下,若追赶型企业不具备扩大市场份额且发展成领先型企业的能力,最终会因糟糕的生存状态而被迫退出市场,因此,行业格局会向着"强者愈强,弱者愈弱"的两极化发展。随着市场逐渐达到饱和状态后,领先型企业难以继续扩大市场份额而选择稳健经营的策略,仍留在市场中的追赶型企业则能得到继续发展,整个行业市场集中度提升,从而形成一种较固化的格局,即一种以领先型企业为主导,追赶型企业并存的寡头状态,市场结构趋于稳定。

2.2 研究假设

根据上述分析,本文预期"三道红线"政策会促使房地产业集中度提高,行业格局趋于固化。据此提出如下假设:

H1:在融资监管日趋密集的情况下,房地产业格局会向着"强者愈强,弱者愈弱"的两极化发展。

H2:当市场逐渐达到饱和状态后,房地产市场在长期演化过程中最终形成"领先型企业主导,追赶型企业并存"的稳定行业格局。

3 研究设计

3.1 模型假设

以企业利益最大化为视角,本文研究不同规模房地产企业产生的演化博弈行为,均以追求利益最大化为目的,即企业在进行决策时会以获得最大收益为决策依据。由此,建立以下假设:

①领先型企业拥有雄厚的资本和更多渠道的资源,在博弈中既能主动选择维持原有经营状态的"稳健"策略,也能进一步扩大市场份额选择"扩张"策略,因此,其策略集为{稳健,扩张}。

②追赶型企业品牌、信用相对弱势,补充资本难度较大,在被政府监管部门要求整改或受到领先型企业挤压市场份额时,既可能选择"留下"策略,也会因经营状况不佳而选择"退出"市场,因此,其策略集为{留下,退出}。

③博弈双方均处于有限理性状况。

④在"动态"状况下,两类房地产企业均能根据自身状况选择合适的策略。

博弈模型涉及的参数定义如表2所示。

表2 博弈模型参数定义说明

变量名称	博弈状态	变量定义
R_1		领先型企业的收益
C_1		领先型企业的成本
ΔR_1	两类企业均在市场中	领先型企业选择扩张策略新增的收益
ΔC_1		领先型企业采取扩张策略新增的成本

续表

变量名称	博弈状态	变量定义
R'_1		领先型企业的收益
C'_1	只有领先型企业在市场中	领先型企业的成本
$\Delta R'_1$		领先型企业选择扩张策略新增的收益
$\Delta C'_1$		领先型企业采取扩张策略新增的成本
R_2		追赶型企业的收益
C_2	领先型企业选择稳健策略	追赶型企业的成本
ΔC_2		追赶型企业留在市场中的新增成本
R'_2		追赶型企业的收益
C'_2	领先型企业选择扩张策略	追赶型企业的成本
$\Delta C'_2$		追赶型企业留在市场中的新增成本

3.2 模型构建

假设领先型企业选择"扩张"策略的概率为 $p(0 \leqslant p \leqslant 1)$,则选择"稳健"策略的概率为 $1-p$。追赶型企业选择"留下"策略的概率为 $q(0 \leqslant q \leqslant 1)$,则选择"退出"策略的概率为 $1-q$。由此可得到房地产企业间的演化博弈矩阵如表3所示。

表3 房地产企业间的演化博弈矩阵

企业间博弈策略		追赶型企业	
		留下(q)	退出($1-q$)
领先型企业	扩张(p)	$(R_1 + \Delta R_1 - C_1 - \Delta C_1, R'_2 - C'_2 - \Delta C'_2)$	$(R'_1 + \Delta R'_1 - C'_1 - \Delta C'_1, 0)$
	稳健($1-p$)	$(R_1 - C_1, R_2 - C_2 - \Delta C_2)$	$(R'_1 - C'_1, 0)$

为了简化运算,令:

$$\pi_1 = R_1 - C_1$$

$$\pi'_1 = R'_1 - C'_1$$

$$\pi_2 = R_2 - C_2$$

$$\pi'_2 = R'_2 - C'_2$$

$$\Delta \pi_1 = \Delta R_1 - \Delta C_1$$

$$\Delta \pi'_1 = \Delta R'_1 - \Delta C'_1$$

简化后房地产企业间的演化博弈矩阵如表 4 所示。

表 4　简化后房地产企业间演化博弈矩阵

企业间博弈策略		追赶型企业	
		留下(q)	退出($1-q$)
领先型企业	扩张(p)	$(\pi_1 + \Delta\pi_1 , \pi_2' - \Delta C_2')$	$(\pi_1' + \Delta\pi_1' , 0)$
	稳健($1-p$)	$(\pi_1 , \pi_2 - \Delta C_2)$	$(\pi_1' , 0)$

领先型企业采取扩张策略的期望为 E_{1p}，采取稳健策略的期望为 E_{2p}，平均期望为 E_p，表示如下：

$$E_{1p} = q \times (\pi_1 + \Delta\pi_1) + (1-q) \times (\pi_1' + \Delta\pi_1')$$

$$E_{2p} = q \times \pi_1 + (1-q) \times \pi_1'$$

$$E_p = p \times [q \times (\pi_1 + \Delta\pi_1) + (1-q) \times (\pi_1' + \Delta\pi_1')] + (1-p) \times [q \times \pi_1 + (1-q) \times \pi_1']$$

追赶型企业采取留下策略的期望为 E_{1q}，采取退出策略的期望为 E_{2q}，平均期望为 E_q，表示如下：

$$E_{1q} = p \times (\pi_2' - \Delta C_2') + (1-p) \times (\pi_2 - \Delta C_2)$$

$$E_{2q} = p \times 0 + (1-p) \times 0 = 0$$

$$E_q = q \times [p \times (\pi_2' - \Delta C_2') + (1-p) \times (\pi_2 - \Delta C_2)] + (1-q) \times [p \times 0 + (1-q) \times 0] = q \times [p \times (\pi_2' - \Delta C_2') + (1-p) \times (\pi_2 - \Delta C_2)]$$

因此，领先型企业采取扩张策略和追赶型企业采取留下策略的复制动态方程为：

$$F(p) = \frac{\mathrm{d}p}{\mathrm{d}t} = p \times (E_{1p} - E_p) = p \times (1-p) \times (E_{1p} - E_{2p})$$

$$= p \times (1-p) \times [q \times \Delta\pi_1 + (1-q) \times \Delta\pi_1']$$

$$F(q) = \frac{\mathrm{d}q}{\mathrm{d}t} = q \times (E_{1q} - E_q) = q \times (1-q) \times (E_{1q} - E_{2q}) = q \times (1-q) \times [p \times (\pi_2' - \Delta C_2') + (1-p) \times (\pi_2 - \Delta C_2)]$$

令 $F(p) = 0$，可以得到 3 组稳定状态条件，同时演化稳定策略要求模型同一时间满足 $F(p) = 0$ 以及 $F'(p) < 0$，因此：

当 $q = \dfrac{\Delta\pi_1'}{\Delta\pi_1' - \Delta\pi_1}$ 时，$F'(p) = 0$，非进化稳定策略；

当 $q < \dfrac{\Delta \pi_1'}{\Delta \pi_1' - \Delta \pi_1}$ 且 $p = 0$ 时,$F'(0) < 0$,$F'(1) > 0$,领先型企业会选择稳健策略;

当 $q > \dfrac{\Delta \pi_1'}{\Delta \pi_1' - \Delta \pi_1}$ 且 $p = 1$ 时,$F'(0) > 0$,$F'(1) < 0$,领先型企业会选择扩张策略。

同理可得追赶型企业达到稳定状态的条件:

当 $p = \dfrac{\pi_2 - \Delta C_2}{(\pi_2 - \Delta C_2) - (\pi_2' - \Delta C_2')}$ 时,$F'(q) = 0$,非进化稳定策略;

当 $p < \dfrac{\pi_2 - \Delta C_2}{(\pi_2 - \Delta C_2) - (\pi_2' - \Delta C_2')}$ 且 $q = 0$ 时,$F'(0) < 0$,$F'(1) > 0$,追赶型企业会选择退出策略;

当 $p > \dfrac{\pi_2 - \Delta C_2}{(\pi_2 - \Delta C_2) - (\pi_2' - \Delta C_2')}$ 且 $q = 1$ 时,$F'(0) > 0$,$F'(1) < 0$,追赶型企业会选择留下策略。

由此可知,当领先型企业选择扩张策略的新增成本低于其在扩张策略下的新增收益时,出于企业利益最大化的考量,领先型企业会选择扩张策略;而当追赶型企业留在市场中的成本高于其在领先型企业选择扩张策略下的收益时,从利益最大化角度考虑,追赶型企业会选择退出策略。因此博弈系统收敛于(1,0),如图1(a)所示,动态博弈系统达到均衡时,博弈双方采取的策略集合为{扩张,退出}。在融资环境收紧的大背景下,领先型企业因良好的信用和品牌效应拥有坚实的客户基础,且具有更多的优势资源,因此当其选择扩张策略时也更容易获得预期收益。领先型企业扩大市场份额侵占了追赶型企业的利益,导致追赶型企业被迫选择退出策略。因此,整个行业会向着"强者愈强,弱者愈弱"的两极化格局发展。H1 得到验证。

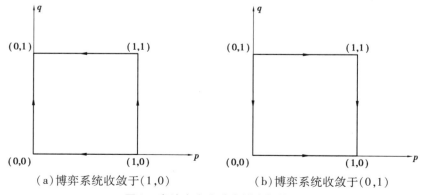

(a)博弈系统收敛于(1,0)　　　　(b)博弈系统收敛于(0,1)

图1　房地产企业动态博弈相位图

当领先型企业选择扩张策略的新增成本高于其新增收益时,出于企业利益最大化的考量,领先型企业会倾向于选择稳健策略;而当追赶型企业留在市场中的成本低于其在领先型企业选择稳健策略下的收益时,为追求利益最大化,追赶型企业会选择留下策略。因此博弈系统收敛于(0,1),如图1(b)所示,动态博弈系统达到均衡时博弈双方采取的策略集合为{稳健,留下}。该情况适用于市场份额相对饱和的稳定状态,此时市场对企业的需求量较低,领先型企业没有扩大市场份额的意愿,同时追赶型企业能够继续留在市场中运营,是市场结构较稳定的一种状态。H2 得到验证。

4　结论及建议

本文通过演化博弈模型对融资限制下不同类型房地产企业的经营行为进行了研究。研究结果表明,房地产市场会先趋向"领先型企业扩张、追赶型企业被迫退出市场"的方向发展,因此行业"马太效应"加剧;随着市场逐渐饱和,最终会趋向于以一种"领先型企业为主导,追赶型企业并存"的相对稳定的状态发展。

为促进房地产企业在面临行业变局时顺利、有序转型,保证企业有充足的资金流,对两类房地产企业未来发展提出以下几点建议。

①通过改善经营策略充盈资金流。房地产企业从金融红利阶段向管理红利阶段转型,需要摒弃一味做大企业规模的发展目标,而力争将企业内在做厚,经营管理能力做强。

对领先型企业而言,可开展多元化经营。企业开展多元化经营不仅有利于分散风险,同时还可以使企业资源得到充分利用,在新的市场中找到新的利润增长点,获得更多资金和其他财务利益。对追赶型企业来说,需要在消化已有土地库存的基础上,谨慎拿地,放慢拿地节奏,控制投资成本,不仅可以达到降低负债的目的,还可以改善负债指标和拿地销售比。而两类企业都应力争实现"高周转,零库存"。在融资受限的情况下,房企应重视资金链和现金流的稳定,保证企业的流动性安全。在经营策略上,应通过快销售来回笼资金,降低库存。通过加大促销力度等方式积极推动销售增长,增厚企业现金流,为实现降低负债奠定基础。

②通过多种融资渠道丰富资金结构。房地产企业过度依赖银行贷款这一单一融资渠道,易使行业的债务风险传播扩散到整个金融经济领域,产生系统风险。因此,拓宽房地产企业的融资渠道,将合理的融资结构纳入未来经营管理中显得尤为

重要。

　　领先型企业可通过资产拆分或上市融通资金。由于物业管理业务可产生稳定的现金流,在拆分上市时通常可以获得较高的估值,进而达到融通资金的作用。一些发展成熟的商业地产企业可以发展 REITs 等多种融资工具,这种方式有助于企业缩短资金投资回报周期,实现重资产向轻资产的转换。对于追赶型企业,可以积极引入合适的战略合作者,不仅能有效缓解房地产企业的资金压力,且有助于提升企业在资本市场上的认可度,增强企业的竞争力。此外,追赶型企业也可以寻求合作开发的机会。房地产企业间合作开发可以在实现优势互补的同时分散经营风险。

　　③通过销售实现可持续的资金流。在疫情和融资受限的共同作用之下,房地产企业压力剧增,不少企业对回款的重视程度不断加强。目前,市场环境正从卖方市场向买方市场转变,只靠传统的销售模式很难达到预期,因此,企业需要开拓新的销售模式,从而实现可持续的经营现金流。

　　首先,领先型企业可以自建分销渠道。面对现在分销的不断扩张,已经有不少企业开始拓展自己的分销渠道,从分销渠道出发直面客户。其次,领先型企业由于资金实力雄厚,可以通过结合互联网实现数字化销售。受到疫情影响,不少房地产企业结合互联网实现了营销互联网化,利用互联网进行线上卖房的传播力度更大、覆盖面更广。同时,数据化可以将购房、物业、租房等与房地产企业息息相关的业务全部串连在一起,这个数据库将为企业未来了解客户需求、设计产品提供可用的数据。

　　对追赶型企业而言,最重要的是重视产品本身。由于未来房地产行业将长期处于买方市场,要做出畅销的产品,首先要到有顾客需求的地方布局;其次要充分了解顾客的需求,根据顾客的需求及时调整自己的产品,把产品做好、做精,做出本土化的有人情味的产品,为企业带来更多的资金。

参考文献

[1] PORTER M E. Competitive strategy: Techniques for Analyzing Industries and Competitors[M]. New York: Free Press, 1980.

[2] CHEN M J, SMITH K G, GRIMM C M. Action Characteristics as Predictors of Competitive Responses[J]. Management Science, 1992, 38(3):439-455.

[3] FURRER O, THOMAS H. The Rivalry Matrix: Understanding Rivalry and Competitive Dynamics

〔J〕. European Management Journal,2000,18(6):619-637.

［4］ BARON D P. Integrated Strategy, Trade Policy and Global Competition ［J］. California Management Review,1997,39(2):145-169.

［5］丁祖昱.2021,房地产企业发展之路[J].中国房地产(中旬刊),2021(1):18-13.

［6］李佩珈.房地产融资政策调整的背景与建议[J].中国国情国力,2020(11):28-32.

［7］李停.有限维演化博弈模型的经济学应用范式探究[J].统计与决策,2020,36(20):19-23.

［8］林中."三道红线"五大指标,房企需关注[J].城市开发,2020(22):44-46.

［9］田志龙,樊帅.企业市场与非市场行为的竞争互动研究:基于中国房地产行业的案例[J].管理评论,2010,22(2):86-96.

［10］魏宇,赵波.现代企业竞争及竞争效能描述新探[J].南开管理评论,2002,5(6):28-31.

基金项目:教育部规划项目(项目编号:17YJA6301232010)
作者简介:单雪芹,重庆大学管理科学与房地产学院副教授,研究方向:项目投资与融资、工程建设经济、房地产金融。

陈蜀娇,重庆大学管理科学与房地产学院硕士研究生,研究方向:工程建设经济、房地产金融。

重庆市主城区居住空间分异及影响因素研究

黄冠紫

（重庆大学　管理科学与房地产学院,重庆400044）

摘　要:城市居住空间分异是在市场经济条件下随着社会经济的发展、国民收入差距扩大而引发的社会现象,兼具空间—社会两大维度。为研究居住空间分异现象的演化特征并探寻影响因素,本文采用重庆市主城区二手房住宅成交数据展开对城市居住空间分异的定量化研究。研究发现,2016—2021年重庆市主城区总体居住空间分异程度呈上升趋势,居住空间分异现象显著。其中,小学资源、景观资源和物业费指标均对居住空间分异呈正相关性影响,其余指标呈负相关性影响。本文还针对居住空间分异问题提出3点思考,即理性看待居住空间分异现象、发挥政府宏观调控作用和探索混合居住社区建设方式。

关键词:居住空间分异;分异指数;地理加权回归模型;住宅价格

中图分类号:C939　　　　　　　　文献标识码:A

Study on Residential Space Differentiation and Influencing Factors in the Main Urban Area of Chongqing

Huang Guanzi（School of Management Science and Real Estate, Chongqing University, Chongqing 400044）

Abstract:Urban residential space differentiation is a social phenomenon caused by the expansion of national income gap with the development of social economy under the condition of market economy. It has two dimensions of space and society. In order to study the evolution characteristics of residential space differentiation and explore the influencing factors, the quantitative research on urban residential space differentiation is carried out by using the transaction data of second-hand houses in the main urban area of Chongqing. The study found that from 2016 to 2021, the overall residential space differentiation degree in the main urban area of Chongqing showed an upward trend, and the residential space differentiation phenomenon was significant. Among them, primary school resources, landscape resources and property fee indicators have a positive correlation impact on residential space differentiation, and the other indicators have a negative correlation impact. It also puts forward three thoughts on the differentiation of residential space, which are to treat the differentiation of residential space rationally, give play to the role of government macro-control and explore the construction mode of mixed residential community.

Key words: Residential Space Differentiation; Differentiation Index; Geographical Weighted Regression model; Housing Price.

1 引 言

我国 1998 年正式推出住宅商品化改革,取消过往福利分房、单位房等政策,国内住宅市场开始转型,商品房出现并发展。在城市快速转型升级、经济快速发展的同时,人们的财富快速增加,社会财富差距持续扩大,社会不公平现象凸显。财富差异的体现之一便是住房的选择,城市居住空间分异现象显现。

国外针对居住空间分异的研究起步较早。Bayer 等人研究发现位置偏好推动了住宅隔离[1]。Geo 等人指出居民通过平衡他们对住房空间的偏好和通勤成本来选择他们居住的地方[2]。Pangallo 等人实证研究表明人们更愿意居住在收入水平相近的家庭和相对同质的种族的缓和社区。偏好、歧视以及制度的力量加剧了不同群体居住空间分异[3]。Banaji 等人认为政府政策和地方土地使用法规造成并强化了居住空间分异[4]。排他性土地使用控制,创造并确保了美国中心城市和郊区之间沿种族和阶级界线的交界线。研究证明,无论是何种机制推动或限制住房选择,制度的力量都会强化城市的居住空间分异。由于对居住空间分异的产生原因存在不同的看法,因此,不能简单地将居住分异等同于居住分类或种族歧视,更准确的观点是将居住隔离视为互补力量的综合结果——偏好、歧视和制度力量。

20 世纪 90 年代,居住空间分异的研究逐渐被我国众多学者重视。研究视角集中在国内与国外城市居住空间分异现象产生原因异同的比较中。研究学者认为我国的居住空间分异有本土化的特点。Wu 等人认为市场化制度改革,经济全球化带动我国经济快速发展和人们财富快速积累,地方经济独特优势(如深圳改革开放)

带来的人口、经济发展红利等因素都是引发我国城市空间转型及不同阶层因贫富差距的拉大而形成的阶层分异[5]。随着研究的深入,研究颗粒度逐渐细化。城市中不同群体的居住空间、居住分布、居住环境等成为主要研究方向。其中 Pow 和 Yip 研究发现不同群体在不同城市空间中出现集聚[6-7]。例如,商品房小区由于单价高,对居民经济能力要求高,大多为中高收入阶层。Yip 发现流动人口受工作机会和收入水平的双重限制居住在城中村。近几年我国城市居住空间分异的研究聚焦到人的活动空间[7]。随着大数据的发展,GIS、Python 等软件被应用于研究社会群体在空间中的分布。除北京、上海、深圳等一线城市外,Wu 和 Lin 将昆明、温州等二线城市也纳入研究范围[8-9]。Song 等人运用分异指数计算发现南京整体居住空间分异度较高[10]。从上述国内外分析可以看出,居住空间分异研究逐渐完善,但大多数研究都集中在分析居住空间分异现象产生的原因方面。为完善居住空间分异研究视角,本文从居住空间分异测度和影响因素研究入手,展开居住空间分异时间—空间双维度研究。

住宅价格是房屋价值的重要体现,价格的空间分异作为衡量居住空间分异的标准可以在市场化机制中解读居住空间分异的演变过程和结果,空间异质性也可以通过商品房价格体现。由于当下市场上供应房屋的类型和档次多样化、购房者的选择自由且多元化,因此,住宅价格的空间分异变化可以真实地反映居住空间分异的时空演绎并预测未来的演变趋势。目前,大多数研究仍将住宅价格作为单一维度探讨,且多数居住空间分异研究都集中在北京、上海和深圳等一线城市,上述城市居住空间现象显著,且其在特定的时代环境下发展,对于新一线城市而言,借鉴意义不强。因此,本文以重庆市主城区为例,分析重庆市 2016—2021 年城市居住空间分异演变的时空特征、变化趋势、规律等,计算空间分异指数,构建重庆市住宅价格与居住空间分异的地理回归分析模型,探寻影响居住空间分异的主要因素,并提出合理建议。

2 研究数据与研究方法

2.1 研究数据

重庆市地处我国西南部,为成渝双城经济圈核心城市。从人口来看,2016 年和 2021 年重庆市的常住人口分别为 3 048 万和 3 205 万,增幅达 5.15%,排名全国前列。从商品住宅均价来看,2016—2021 年价格由 7 467 元/m² 上升至 14 541

元/m²,增幅达 94.7%。重庆市主城区住宅价格高点在城市中心汇聚,呈"中心高,周边低"的趋势逐渐向外递减。从人口和房价的变化来看,重庆市在 2016—2021年这 5 年无论是土地利用、城市化还是常住人群都发生了明显变化,因此,将这 5年作为研究时间区间来分析对衡量 5 年间居住分异现象的演化趋势非常具有代表性。

研究区域包含重庆九区在内的重庆主城区,分别为渝中区、沙坪坝区、江北区、南岸区、九龙坡区、大渡口区、渝北区、巴南区和北碚区。基本研究单元为各小区样本点。小区样本点通过"链家网"和"房天下"两个房地产网站收集成交二手房楼盘属性、小区配套等信息,建立各小区的空间属性。数据采集时间段分别为 2016年 10 月和 2021 年 10 月。为尽可能保证数据的真实性、准确性,选择小区作为基本研究单位可以避免单个房屋性质特殊或其他不可控原因造成的信息失真。为使收集的房屋信息为商品房住宅小区,特剔除 1998 年前建成的非市场化小区数据。2016 年 10 月和 2021 年 10 月两大时间点分别采集到 946 个和 2 392 个小区样本数据。

2.2 研究方法

(1)分异指数

分异指数(D)是 Duncan 等学者于 1955 年首次针对空间分异提出的定量化研究方法,也是目前居住空间分异研究中采用的主流方法[11]。分异指数通过计算各群体的占比来反映不同群体在空间中的实际分布状态并与空间均匀分布状态,进而计算空间分异程度。分异指数表示的是每个分析单元与总体平均值的偏离程度。D 值的范围为[0,1],当 $D=0$ 时,表示两类研究群体在同一分析单元中比例相等;D 值越靠近 0 表明在分析单元内,两类群体占比越接近,分布较为均匀;D 值越接近 1 表明,两类研究群体在同一分析单元中占比相差较大,分布较为不均匀;当 $D=1$ 时,表明在同一分析单元中,完全为某类研究对象,占比达到 100%。

$$D = \frac{1}{2} \sum_{1}^{k} \left| \frac{N_i}{N} - \frac{W_i}{W} \right|$$

其中,N_i 为研究区域分析单元研究群体数量;N 为研究区域中非研究群体总数;W_i 为研究区域分析单元中研究群体数量;W 为研究区域中非研究群体总数。

分异指数也存在其自身缺陷,首先,分异指数只研究两类对象的隔离水平,研究对象有限,无法纳入更多指标,其次,分异指数未将空间维度纳入公式考虑范围,对于地理空间指标没有体现。随着研究的深入,学者希望将更多的变量纳入考虑范围,从而更好地理解分异现象和趋势。因此,Morrill 于 1991 年提出对分异指数进行修正,其主要贡献是将空间邻域性纳入公式考虑范围。空间邻域性是指研究单元的周边区域对研究单元的经济活动造成的影响。修正分异指数用 $D(m)$ 表示。

$$D(m) = D - \frac{\sum_i \sum_j \left| (n_i - n_j) C_{ij} \right|}{\sum_i \sum_j C_{ij}}$$

其中,D 为传统分异指数;n_i 和 n_j 分别为研究单元 i 和 j 中研究群体数量的百分比;C_{ij} 为区域单元的领域矩阵对应值,若 i 和 j 相邻则为 1,若不相邻则为 0。分异指数划分如表 1 所示。

表 1　分异指数划分

	值	分异程度
D	$D=0$	完全均衡
	$0<D<0.25$	较为均衡
	$0.25 \leqslant D<0.6$	中度隔离
	$0.6 \leqslant D<1.0$	高度隔离
	$D=1.0$	完全隔离

（2）地理加权回归

地理加权回归（Geographically Weighted Regression，GWR）模型是将局部特征纳入考虑,分析具有空间分布特征的两个或多个变量间相互关系的模型。该模型与线性回归模型都是衡量多个变量相互依赖的定量关系,但 GWR 模型将地理空间维度纳入模型中,通过建立研究范围内各样本点的空间信息,对各样本点建立影响变量的回归方程。GWR 模型由 Brunsdon 等人于 1996 年首次创立并提出"空间非平稳性"的概念。空间非平稳性是指"全局"模型无法准确描述变量间的相互影响关系,需要引入空间概念以反映数据中的结构。因此,GWR 模型可用于衡量不同因子由于局部特征不同引起对研究单位空间影响的差异。GWR 回归模型为:

$$y_i = \vartheta_0(h_i, l_i) + \sum_{k=1}^{\vartheta} \vartheta_k(h_i, l_i) + \varepsilon_i (i = 1, 2, \cdots, n)$$

其中,y_i 为观测值;(h_i, l_i) 为第 i 个采集点坐标(如经纬度);$\vartheta_0(h_i, l_i)$ 为 i 点回

归常数，$\vartheta_k(h_i,l_i)$ 是 i 点上的第 k 个回归常数。$\varepsilon_i \sim N(0,\sigma^2)$，$\mathrm{Cov}(\varepsilon_i,\varepsilon_j)=0(i\neq j)$。

权重计算方法选取高斯函数法。

$$w_{ij} = \exp\left[-\left(\frac{d_{ij}}{b}\right)^2\right]$$

其中，w_{ij} 表示权重；d_{ij} 为数据点 j 与回归点 i 之间的距离；b 表示带宽（窗口大小）。

权函数带宽计算采用 AIC 准则（1），即

$$AIC = 2n\ln(\hat{\sigma}) + n\ln(2\pi) + n\left[\frac{n+\mathrm{tr}(S)}{n-2-\mathrm{tr}(S)}\right]$$

帽子矩阵 S 的迹 $\mathrm{tr}(S)$ 是带宽 b 的函数，$\hat{\sigma}$ 是随机误差项方差的极大似然估计，即 $(\hat{\sigma}) = \frac{RSS}{n-\mathrm{tr}(S)}$。AIC 越小，表明地理加权回归函数与模型的拟合性越好。因此，AIC 最小值对应的带宽就是最优带宽。

3　居住空间分异指数分析

以二手房成交均价为定量数据，采用分异指数（D）和修正分异指数[$D(m)$]两大指标计算重庆市主城九区的分异指数，衡量重庆市主城九区居住空间分异程度。以国家统计局划分的街道为基本研究单元，以重庆市主城九区为独立研究区域计算分异指数，计算结果如表 2 所示。由表 2 可知，2016 年重庆市主城总体分布均匀，九区中仅渝中区、南岸区和巴南区为中度隔离，且隔离指数较低，其余 6 区高低价小区分布较为均衡，无明显居住分异现象。但 2021 年，多数区域分异现象加剧，仅剩九龙坡区高低价小区分布较为均衡，其中渝北区、沙坪坝区、江北区、大渡口区的分异程度由较为均衡加剧为中度隔离状态，渝中区居住分异现象显著，数值由 0.38 上升至 0.90，为高度隔离区域。2016—2021 年重庆市居住空间分异由较为均衡发展至中度隔离，隔离现象进一步加剧。

表 2　2016 年和 2021 年重庆市主城九区分异指数（D）和修正分异指数[$D(m)$]

区域	2016 年				2021 年			
	D	分异程度	$D(m)$	分异程度	D	分异程度	$D(m)$	分异程度
渝北区	0.26	中度隔离	0.25	较为均衡	0.42	中度隔离	0.41	中度隔离
渝中区	0.39	中度隔离	0.38	中度隔离	0.91	高度隔离	0.90	高度隔离
沙坪坝区	0.24	较为均衡	0.09	较为均匀	0.40	中度隔离	0.36	中度隔离

续表

区域	2016 年				2021 年			
	D	分异程度	$D(m)$	分异程度	D	分异程度	$D(m)$	分异程度
江北区	0.23	较为均衡	0.19	较为均衡	0.38	高度隔离	0.37	中度隔离
南岸区	0.27	中度隔离	0.26	中度隔离	0.27	中度隔离	0.27	中度隔离
九龙坡区	0.24	较为均衡	0.23	较为均衡	0.23	较为均衡	0.21	较为均衡
大渡口区	0.24	较为均衡	0.20	较为均衡	0.44	中度隔离	0.40	中度隔离
北碚区	0.00	完全均衡	0.00	完全均衡	0.49	中度隔离	0.45	中度隔离
巴南区	0.36	中度隔离	0.33	中度隔离	0.57	中度隔离	0.53	中度隔离

其次,将重庆市主城区 2016 年和 2021 年的住宅均价以街道为单位划分为五大价格梯度,如图 1 和图 2 所示。从图中可以发现,2016 年重庆市住宅均价除渝北区部分街道受单改善盘影响出现明显峰值外,城市均价呈现中心逐渐向外下降的趋势,为"中心高,四周低"的格局;2021 年城市板块扩张,其中东、西、北 3 个方向均出现高价小区样本点集聚,随着重庆市"一路向北"的发展方向,城市北部价格上涨较快,价格高点聚集在城市北部及南岸、江北等一些传统核心区。沙坪坝区大学城方向、九龙坡区谢家湾方向等也出现部分价格高点集聚,城市布局为"1+N"模式,"1"为以渝中区为核心的重庆传统核心区,"N"为渝北区、江北区、南岸区、沙坪坝区、九龙坡区等多组团模式发展区域。从图中的空间分布可见,受资源、环境、交通等配套因素的影响,高价房屋位于城市核心而低价房屋大多分布于城市边缘,该现象表明,住房均价高所反映的高收入人群对优势资源剥夺现象显著,占据城市最优空间,居住分异现象明显。

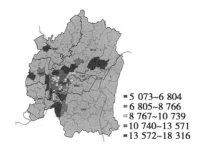
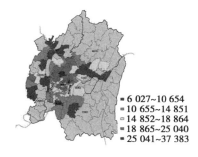

图 1　2016 年重庆市主城区住宅均价分布图　　图 2　2021 年重庆市主城区住宅均价分布图

4 GWR 模型影响因素分析

房屋的价格不仅受房屋自身属性的影响,而且受外部资源配套中区位因素的影响。优质资源所处地域环境会带动周边房屋价格上涨。价格因周边因素的变化而产生变化的现象称为空间依赖性。由于我国经历了由国家分配到市场化的变革,在同一区域内存在多种类型、多种房龄的房屋,比如,城中村、公租房、商品小区的混合拼接。因此,重庆市主城区同时存在空间依赖性和空间非平稳性的特征。基于城市住宅价格的空间非平稳性,为探寻影响住宅价格变动的因素以及各因素在不同地理空间的作用程度,采用地理加权回归模型对重庆市主城区 2016 年和 2021 年两个时间点分别展开分析。

4.1 GWR 模型建立

GWR 模型相比于传统线性回归模型的优势在于 GWR 模型为每一个样本点建立空间属性,进而对样本点建立线性回归方程。城市居住空间分异是多因素共同作用的结果[12]。迄今为止,房地产价值影响因素中的考虑因素都与地理空间可达性密切相关,主要包含了商圈可达性、公园可达性、医院可达性、公交车站和地铁可达性[13-14]。Jun 等学者研究发现,建筑面积和房屋总数可对房屋价值产生正向影响[13]。Hui 和 Chau 研究表明,建筑年限、房间数量与房价有明显相关性[15]。上述研究发现,影响房屋价格的因素多种多样,结合国内外研究中所选取的因素以及我国实际情况,考虑各项指标的获取难易程度及数据的空间细分维度,将影响房屋价格的因素分为外部资源配套和小区内部信息两大类,建立影响因子库,如表 3 所示。

表 3 居住空间分异的影响因子及描述

分类	影响因子	变量	因子描述
外部资源配套	交通配套	地铁	距最近地铁站的距离
	学校资源	小学	距最近小学(含公立和私立)的距离
		中学	距最近中学(含公立和私立)的距离
	景观资源	公园	距最近公园的距离
	医疗资源	三甲医院	距最近三甲医院的距离
	生活便利	购物中心	距最近购物中心的距离
小区内部信息	居住规模	房屋总数	小区总户数
	物业管理	物业费	每平方米建筑每月所需缴纳物业费用
	新旧程度	建成年限	小区建成年限

其次,利用 ArcGIS 软件的普通最小二乘法(OLS)回归分析工具对 2016 年和 2021 年的数据分别进行计算。计算结果显示,2016 年和 2021 年,拟合系数 R^2 值分别为 0.17 和 0.29,表明所选用的自变量仅能解释 17% 和 29% 的因变量。当方差膨胀因子 VIF<7.5 时,表明选取的自变量独立,可继续沿用,反之则需要剔除,计算结果显示,建成年限这一影响因子在 2016 年和 2021 年 VIF 值均超过 7.5,因此需剔除,其余影响因子均在可选取范围内。k 值用于衡量变量是否具有空间作用,当 k<0.05 时,则表明变量在部分区域作用明显,反之则不明显;若 k 值显著则可展开 GWR 回归分析,k 值分别为 0.006 和 0.01。综上所述,住宅价格与表 3 所选出因子具有空间非平稳性,为准确地探索各影响因子对住宅价格的影响,需采用地理加权回归模型展开进一步研究。

最后,利用 ArcGIS 软件的地理加权回归模型建立回归参数,采用 AICc 方法进行 GWR 模型带宽计算,选取单价为因变量,自变量为剔除建成年限后的八大变量,计算结果如表4所示。从表中可以看出 GWR 模型的 R^2 值分别为 0.40 和 0.34,较 OLS 模型有明显的提升,但受数据收集的有限性影响,在计算 GWR 时会存在部分数据相关性较弱的现象,由于主要目的是探寻不同影响因子对住宅价格在不同空间区位的影响,因此,采用 GWR 模型分析各影响因子对住宅价格在地理空间分布上的影响是合理的。

表 4　2016 年和 2021 年重庆市房价 GWR 模型结果

2016 年		2021 年	
模型参数	参数值	模型参数	参数值
Bandwidth	24 165.198 87	Bandwidth	61 621.768 7
ResidualSquares	272 640 609.6	ResidualSquares	1 891 379 163
EffectiveNumber	15.575 053 75	EffectiveNumber	11.846 245 1
Sigma	2 325.265 511	Sigma	4 530.360 71
AICc	1 229.590 048	AICc	2 059.944
R^2	0.395 611 629	R^2	0.341 246 78
R^2 Adjusted	0.370 916 491	R^2 Adjusted	0.323 713 33

注:Bandwidth 表示带宽;ResidualSquares 表示残差平方和;EffectiveNumber 表示有效系数;Sigma 表示正规化剩余平方和;AICc 表示信息准则;R^2 表示拟合度;R^2 Adjusted 表示修正拟合度。

4.2　GWR 模型影响因子作用规律分析

住宅价格受各因子的影响程度在空间上存在差异。本节将 8 个影响因子分别展开分析,探寻不同城市空间特征对住宅价格的影响及影响因子的作用规律,计算结果如图3所示。

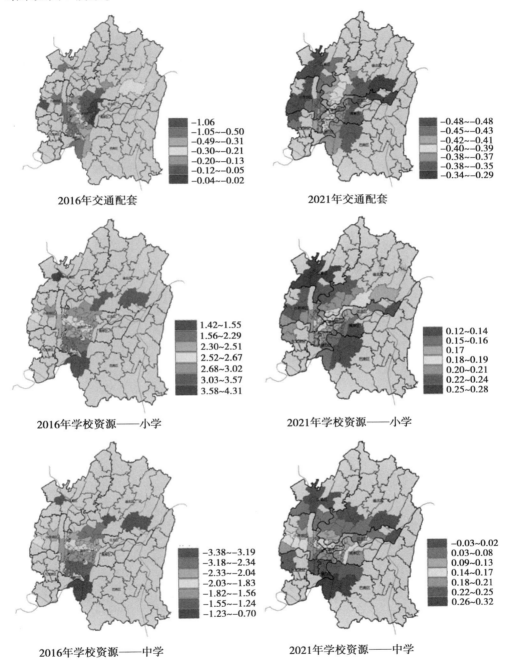

−1.06	
−1.05~−0.50	
−0.49~−0.31	
−0.30~−0.21	
−0.20~−0.13	
−0.12~−0.05	
−0.04~−0.02	

2016年交通配套

−0.48~−0.48
−0.45~−0.43
−0.42~−0.41
−0.40~−0.39
−0.38~−0.37
−0.38~−0.35
−0.34~−0.29

2021年交通配套

1.42~1.55
1.56~2.29
2.30~2.51
2.52~2.67
2.68~3.02
3.03~3.57
3.58~4.31

2016年学校资源——小学

0.12~0.14
0.15~0.16
0.17
0.18~0.19
0.20~0.21
0.22~0.24
0.25~0.28

2021年学校资源——小学

−3.38~−3.19
−3.18~−2.34
−2.33~−2.04
−2.03~−1.83
−1.82~−1.56
−1.55~−1.24
−1.23~−0.70

2016年学校资源——中学

−0.03~0.02
0.03~0.08
0.09~0.13
0.14~0.17
0.18~0.21
0.22~0.25
0.26~0.32

2021年学校资源——中学

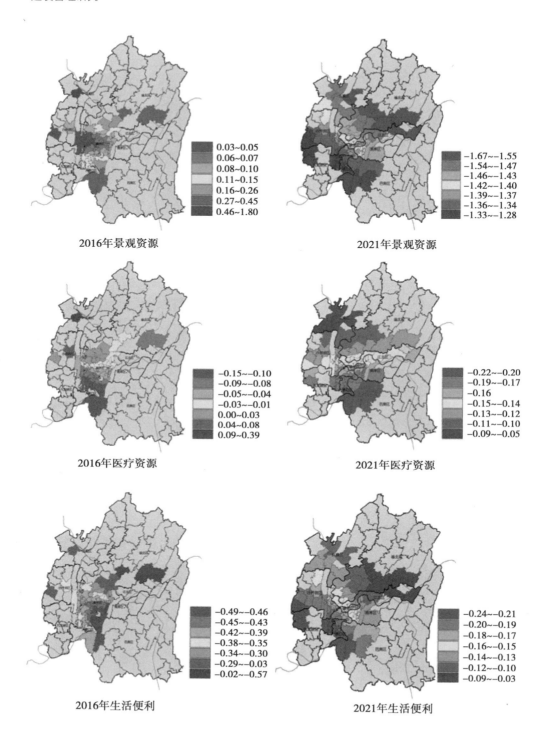

| 0.03~0.05 |
| 0.06~0.07 |
| 0.08~0.10 |
| 0.11~0.15 |
| 0.16~0.26 |
| 0.27~0.45 |
| 0.46~1.80 |

2016年景观资源

| −1.67~−1.55 |
| −1.54~−1.47 |
| −1.46~−1.43 |
| −1.42~−1.40 |
| −1.39~−1.37 |
| −1.36~−1.34 |
| −1.33~−1.28 |

2021年景观资源

| −0.15~−0.10 |
| −0.09~−0.08 |
| −0.05~−0.04 |
| −0.03~−0.01 |
| 0.00~0.03 |
| 0.04~0.08 |
| 0.09~0.39 |

2016年医疗资源

| −0.22~−0.20 |
| −0.19~−0.17 |
| −0.16 |
| −0.15~−0.14 |
| −0.13~−0.12 |
| −0.11~−0.10 |
| −0.09~−0.05 |

2021年医疗资源

| −0.49~−0.46 |
| −0.45~−0.43 |
| −0.42~−0.39 |
| −0.38~−0.35 |
| −0.34~−0.30 |
| −0.29~−0.03 |
| −0.02~−0.57 |

2016年生活便利

| −0.24~−0.21 |
| −0.20~−0.19 |
| −0.18~−0.17 |
| −0.16~−0.15 |
| −0.14~−0.13 |
| −0.12~−0.10 |
| −0.09~−0.03 |

2021年生活便利

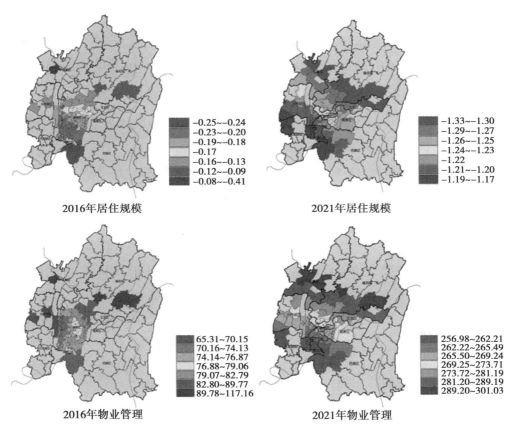

2016年居住规模

-0.25~-0.24
-0.23~-0.20
-0.19~-0.18
-0.17
-0.16~-0.13
-0.12~-0.09
-0.08~-0.41

2021年居住规模

-1.33~-1.30
-1.29~-1.27
-1.26~-1.25
-1.24~-1.23
-1.22
-1.21~-1.20
-1.19~-1.17

2016年物业管理

65.31~70.15
70.16~74.13
74.14~76.87
76.88~79.06
79.07~82.79
82.80~89.77
89.78~117.16

2021年物业管理

256.98~262.21
262.22~265.49
265.50~269.24
269.25~273.71
273.72~281.19
281.20~289.19
289.20~301.03

图3　2016年和2021年各指标地理加权回归分布

（1）影响因子作用具有空间非平稳性

影响因子在不同地理位置对住宅价格影响存在空间非平稳性。其中因子的分布密度、分布位置对价格产生差异化影响。部分因子的影响呈现导向化趋势，"交通配套"和"生活便利"两类影响因子与住宅价格呈负相关。与影响因子的距离越远，住宅单价越低，距离的缩短会带动价格的快速上涨。相反，部分因子呈正相关，如"距最近小学（含公立和私立）的距离"。该类因子的作用主要是通过影响程度的强弱对住宅价格产生非稳定性影响，从图7可以看出，回归系数的绝对值越大则作用效果越明显，重庆市主城区回归系数呈现"中心低，四周高"的特点，影响因子在外城城区作用效果明显。

部分因子呈现差异化作用趋势。该类因子的回归系数有正有负，在不同空间上的作用效果呈现明显差异性。"医疗资源"因子在研究区域南部呈负相关，北部呈正相关，这是因为医院资源辐射人群的范围取决于医院的质量。差异化影响因子对不同区域住宅价格的作用更显著,造成住宅价格空间上的差异显著。

（2）影响因子作用具有时间非平稳性

影响因子作用的时间非平稳性体现在不同时间点影响强度的差异。"景观资源"和"学校资源（中学）"在2016年和2021年两个时间段回归系数值的差异表明因子的影响是存在动态变化的。随着因子分布密度和分布区域的变化,其对周边住宅价格的影响存在动态变化。"学校资源（中学）"绝对值减小,"景观资源"绝对值增大,深刻体现出后疫情时代居民对景观资源需求的增加。影响因子作用的时间非平稳性可以动态地反馈居民对房屋需求的变化。

（3）影响因子作用的叠加效果

住宅价格受多类影响因子的影响。住宅价格空间分布不平稳引起社会不同群体居住空间分异现象。在不同的地理位置上,住宅价格受多种影响因子作用的叠加效果影响产生差异。这些差异在空间上形成有规律的空间分布特征,表现在居住空间上形成不同社会群体居住空间分异现象。住宅价格的空间差异并非仅由单一影响因子造成,各类影响因子的叠加效果在空间上累加的差异造成住宅价格空间分布的不均匀性。

5 城市居住空间分异对策思考

5.1 理性看待居住空间分异现象

由于城市土地有偿使用和商品房的出现,居住空间分异成为市场化体制下必然出现的一种现象。收入的差距是社会空间分异加速的主要原因。Shi研究表明,全球城市化区域在大都市层面都经历了不同程度的居住隔离,这导致了城市不平等的长期存在[16]。在市场条件下,人们为了追求更好的生活条件会运用自己的智力和劳动力来换取更多的报酬,这对社会发展是正向的。但若放任市场不顾,从长远来看,对城市发展是不利的。基于中国社会经济体制的转变,市场在资源再配置中发挥着重要作用,导致城市空间资源地域分布不平衡。Hui发现人们的社会经济地位和可达性决定了他们可以获得的资源（如住房、就业机会和社会设施）的质量、数量和地理分布,这是造成两大群体居住空间分异的关键原因[17]。但不同群体居住空间过度集聚会引发负面的社会影响。空间的隔离使得弱势群体的下一代接触到优质资源、融入主流社会的难度加大,且中低收入群体聚集的区域犯罪率更高。因此,理性看待家族居住空间分异问题,但需避免社会弱势群体的过度集聚。

5.2 发挥政府宏观调控作用

在市场化机制下,国民通过技术、财富等手段积累财富并用于房屋购置中,且随着住房类型、品质多样化,高收入人群自然而然地倾向于选择品质好、舒适度高、环境优的高价小区。高收入阶层对城市有限优势资源的掠夺体现在房屋的价格上,低收入阶层被挤压至配套缺乏的城市边缘,最终导致城市居住空间分异现象的出现。但居住空间作为公共资源,其不公平公正的非配置将加剧社会矛盾。因此,居住空间分异不能放任市场"无形的手"完全掌控。政府作为城市规划的宏观引导者,应始终坚持我国"共同富裕"的方针,关注所有群体的权益,注重社会公平的维持,建立完善的政策和制度,合理推进城市土地城市分配,避免因空间分配不均带来的外部性效应,让"有形的手"在不影响市场化发展的前提下保证社会公平。

5.3 探索混合居住社区建设方式

混合居住社区已被证明对缓解居住空间分异现象有利,但混合居住社区的弊端也初步显现。多纬度的城市环境对人类进步和社会更高阶的发展是有益的。阻碍不同阶层人群和日常行为的混合是对人性的违背。研究发现,大都市中多元化人群的混合与促进社会低收入率和社会稳定呈高度正相关性;仅在居住空间上实现不同群体的混合居住而不考虑邻里间的交流和融合并不能完全解决居住分异问题,进而缓解社会矛盾。邻里间的"共生""互融"是解决居住分异的关键。邻里之间,平等的交流是不同人群之间保持联系的关键。在城市中推行混合居住时,应避免不同群体收入差距过大。这样才能使两大群体的过渡和融合表现得平稳自然。因此,混合居住社区中不同群体混合比例的阈值需要根据各区域条件因地制宜。混合居住社区的设计应在隔离和融合间找到平衡,并关注不同群体利益。

6 研究结论及展望

城市居住空间分异是在市场经济条件下随着社会经济的发展,国民收入差距扩大而引发的社会现象,兼具空间—社会两大维度。为研究居住空间分异现象的演化特征并探寻影响因素,采用二手房住宅成交数据展开对城市居住空间分异的定量化研究。2016—2021 年,重庆市主城区城市总体居住空间分异程度呈上升趋势,由较为均匀加剧至中度隔离,且城市中心——渝中区分异程度已达高度隔离程度,城市居住空间分异现象显著。其中多个指标对城市居住分异现象在不同空间上产生差异化影响。针对城市日益加剧的居住空间分异问题,本文提出三大思考,即理性看待居住空间分异现象,发挥政府宏观调控作用和探索混合居住社区建设方式。在市场机制作用下,贫富差距导致部分群体可以通过资金的优势对城市有限的资源进行剥夺,城市居住空间分异现象的出现是必然的。适度的居住空间分异对调动居民生产生活的积极性具有积极作用,但过度的居住空间分异会导致社会问题,加剧不同群体间的矛盾。缓解不同群体的居住空间分异现象不能简单地混合不同居住社区,而是在尽可能满足不同群体需要的前提下,通过规划设计加强不同群体的沟通交流,推动不同群体间的融合,减少不同阶层间的对立矛盾。

本文通过研究重庆市主城区居住空间分异程度,分析不同阶层间居住空间分异的现状并提出建议。但本文仍存在不足,在未来的研究中可以进一步考虑在时间—空间双维度下,是否有更多的影响因子需纳入考虑。另外,如何衡量混合居住社区中不同阶层的混合比例的阈值,使其产生的社会总效用值最高等都是未来需持续加深研究的方向。

参考文献

[1] BAYER P, MCMILLAN R, RUEBEN K S. What drives racial segregation New evidence using Census microdata[J]. Journal of Urban Economics,2004,56(3):514-535.

[2] 高晓路, YASUSHI A. Influence of Spatial Features on Land and Housing Prices[J]. 清华大学学报自然科学版(英文版),2005,10(3):344-353.

[3] PANGALLO M, NADAL J P, VIGNES A. Residential income segregation: A behavioral model of the housing market[J]. Journal of Economic Behavior & Organization, 2019, 159(Mar.): 15-35.

[4] BANAJI M R, FISKE S T, MASSEY D S. Systemic racism: individuals and interactions, institutions and society[J]. Cognitive Research: Principles and Implications, 2021,6(1):82-88.

[5] WU F L, LI Z G. Sociospatial Differentiation: Processes and Spaces in Subdistricts of Shanghai[J]. Urban Geography, 2005, 26(2):137-166.

[6] POW C P. Gated communities, territoriality and the politics of the good life in (post-)socialist Shanghai[D]. Los Angeles, CA, USA: University of California, Los Angeles, 2006.

[7] YIP N M. Walled without gates: Gated Communities in Shanghai[J]. Urban Geography, 2012, 33(2):221-236.

[8] WU Q Y, CHENG J Q, YOUNG C. Social differentiation and spatial mixture in a transitional city-Kunming in southwest China[J]. Habitat International, 2017, 64(1):11-21.

[9] LIN S N, GAUBATZ P. Socio-spatial segregation in China and migrants' everyday life

experiences：the case of Wenzhou［J］. Urban Geography, 2017, 38(7):1019-1038.

[10] SONG W X, HUANG Q S, Gu Y, et al. Unraveling the multi-scalar residential segregation and socio-spatial differentiation in China：A comparative study based on Nanjing and Hangzhou［J］. Journal of Geographical Sciences, 2021, 31(12):1757-1774.

[11] DUNCAN O D, DUNCAN B. A Methodological Analysis of Segregation Indexes［J］. American Sociological Review,1955,20(2): 210-217.

[12] 伏润得,杨德刚,靳传芬,等. 城市住宅价格空间分异研究进展与述评:基于 Citespace 的计量分析［J］. 中国科学院大学学报, 2021,38(6):782-790.

[13] JUN M J, KIM H J. Measuring the effect of greenbelt proximity on apartment rents in Seoul［J］. Cities, 2017, 62(1):10-22.

[14] GIBBONS S, MOURATO S, RESENDE G M. The Amenity Value of English Nature：A Hedonic Price Approach［J］. Environmental and Resource Economics, 2014, 57(2):175-196.

[15] HUI E C M, CHAU C K, PUN L, et al. Measuring the neighboring and environmental effects on residential property value：Using spatial weighting matrix［J］. Building and Environment, 2007, 42(6):2333-2343.

[16] SHI Q J, DORLING D. Growing socio-spatial inequality in neo-liberal times? Comparing Beijing and London-ScienceDirect［J］. Applied Geography, 2020, 115(1):102-139.

[17] WANG H, KWAN M P, HU M X. Usage of Urban Space and Sociospatial Differentiation of Income Groups：A Case Study of Nanjing, China［J］. Tijdschrift voor economische en sociale geografie, 2020, 111(4):616-633.

作者简介:黄冠紫,女,硕士研究生,重庆大学管理科学与房地产学院。

联系地址:重庆市沙坪坝区重庆大学 B 区。

电话号码:18709201265

电子邮箱:386401006@ qq. com。

影响工程供应商服务绩效的因素探究

向鹏成[1],刘禹[2]

(1. 重庆大学 管理科学与房地产学院,重庆 400044;

2. 重庆大学 建设经济与管理研究中心,重庆 400044)

摘　要:在建筑业中,与供应商建立合作伙伴关系,可以在运营中获得更高的效率。本文以工程项目中的供应商为研究对象,探讨了影响工程项目中供应商的服务绩效的影响因素。通过对 200 份工程行业管理层人员发放问卷,对样本数据进行了结构方程模型分析。实证研究结果表明,供应商的交付能力、采购方与供应商之间的信任度、供应商的态度与供应商的服务绩效均呈显著正向影响,与供应商的综合实力呈显著负向影响,且供应商的态度在供应商的交付能力和供应商的服务绩效之间起部分中介作用。

关键词:供应商的服务绩效;工程采购方态度;建筑供应链;结构方程模型;中介作用

中图分类号:C939　　　　　　　　　　**文献标识码**:A

The Critical Factors in Engineering Suppliers' Performance: the Intermediary Role of the Engineering Purchasers

Xiang Pengcheng[1], Liu Yu[2]

(1. School of Management Science and Real Estate,

Chongqing University, Chongqing 400044;

2. Research Center for Construction Economics and Management,

Chongqing University, Chongqing 400044)

Abstract: In construction industry, establishing partnerships with suppliers will achieve greater efficiency in operations. This survey takes the supplier in the engineering project as the research object and discusses the factors that affect the service performance of the supplier in the engineering project. By issuing questionnaires to 200 management personnel in the engineering industry, we analyzed the sample data by structural equation model. The empirical research results show that the supplier's delivery ability, the trust between the purchaser and the supplier and the supplier's attitude all have a significant positive impact on the supplier's service performance, and the supplier's comprehensive strength has a significant negative impact on the supplier's service performance. In additional, the supplier's attitude plays a part of the intermediary role between the supplier's delivery ability and the supplier's service performance.

Keywords：Supplier's Service Performance；Engineering Purchasers Attitude；Construction Supply Chain；Structural equation model；Mediator

1 引　言

随着经济的逐渐发展,工程项目复杂性越来越高,建筑业逐渐由难以相互融合的跨学科公司和专业提供商组成。考虑到大多数建设项目的利益相关者是紧密相关的,因此,整合和协调所涉及的利益相关者对成功管理工程项目至关重要[1]。面对竞争激烈的市场和减少交付周期的持续压力,当今的企业认为供应链管理是关键领域,改进供应链管理可以显著影响利润[2]。在建筑业中,供应链管理(SCM)概念经常用于指导项目经理进行战略规划,以与供应商建立合作伙伴关系,并在运营建设中获得更高的效率[3]。

大型建设项目有极其复杂的特点,使用寿命长且具有多种组织关系[4],往往需要对多个不同类型的供应商进行管理。完善的供应商管理能够让材料按时、按需、保质保量地送达,并且可以根据项目需求及时调整,对承包商按照合同要求完成建设项目有着重要意义,在一定程度上决定着工程最终的价值与质量。只要有一个材料或者设备的供应商的服务绩效不够(如没有按时送达,质量要求不够,没有灵活地按照实际需求调整),就很有可能会造成整个项目的失败。由于对供应商管理的不善,工程项目经常受到承包商与供应商之间关系紧张的困扰,从而导致工期延误、预算超支、质量差,甚至导致索赔和反索赔[5],损害工程项目的利益。例如,在

2012 年中国企业承包的巴布亚新几内亚宿舍扩建项目中,与当地供应商建立了良好的合作伙伴关系是该项目提前 8 个月完工并交付的重要因素之一;又如,在上海市某初中维修项目中,采购人员的供应商管理不善导致项目的利益受到了极大的损害。尽管建筑行业规模庞大且对经济产生影响,但在采用供应链管理(SCM)最佳实践方面,整个建筑行业进展缓慢[6]。

在中国的情境下,学者们主要从供应商选择评估和合作共赢的视角来提高供应商服务绩效。一方面,建立并完善供应商选择评估体系,通过交付能力、企业综合实力等构建评价体系;另一方面,从合作共赢的角度进行供应商开发,提高供应商综合实力以达到长期合作,提高供应商服务绩效的目的[7]。这些研究虽然在一定程度上解释了影响供应商服务绩效的原因,但解释得并不够全面。因为买卖双方之间的关系经常受到"wasta"(与权力、影响、联系和腐败相关的术语)的负面影响[8],导致在建筑业内,采购方与供应商之间普遍存在对抗和冲突的文化,许多在建筑业工龄较长的经理和操作人员已经形成了相对固定的态度,这种态度在中国社会文化背景下尤其值得重视。在实际的工程项目中,有经验表明采购方与供应商交流的态度影响着供应商的服务绩效。行业规模较小的供应商通常会更依赖行业地位较高的采购方(代表承包方),导致被采购方压制,想要得到大的订单从而签订不符合行业规则的合同。合作伙伴协议不明确,一方的谈判顺利可能会导致另一方的损失[9]。在供应商管理的网络中,采购方与供应商之间的合作伙伴关系起着更为重要的作用。中小型供应商态度对有效的供应商合作伙伴关系产生一定的影响,而中小型供应商的态度又与采购方的态度有关。因此,在中国背景下研究采购方的态度和采购方与供应商之间的态度对供应商的服务绩效影响具有特殊的意义。TEO 等人[10]认为公司的规模、间接收益的感知以及业务合作伙伴的影响与采用电子采购有着积极而显著的关联,而电子采购正是规避了双方线下谈判时的主观态度。一方面,供应商的交付能力能反映供应商达到预期服务绩效的客观能力;另一方面,供应商的交付能力又可以提高采购方对该供应商的重视程度,尊重其在行业内的地位,认为其有能力达到采购方的心理预期,从而改变对供应商的态度,在谈判时减少了提出不符合行业规则的要求的可能性,增加了供应商的好感。由此不难推断,采购方的态度在供应商的交付能力与供应商的服务绩效之间的关系中起中介作用。在传统的建筑行业,研究采购方态度的并不多见,关于供应商的交付能力在其和供应商的服务绩效之间的中介作用更是鲜有。因此,在中国社会文化背景下,通过采购方的态度解读供应商的交付能力对供应商服务绩效的影响具有重要的理论与现实意义。

在本文中,我们研究建筑行业中供应商的资历、供应商与采购方之间的信任、采购方的态度以及供应商的综合实力对供应商服务绩效的影响。采用结构方程模型,通过文献总数形式审查了关系并且提出了假设。最后,讨论了对管理人员和研究人员的意义。这项研究的新颖之处在于,以前很少在这种情况下研究过这些变量。据我们所知,这是第一个包含所有这些变量的研究。

2 理论与假设

2.1 供应商的服务绩效

在建筑业中,为了项目的共同利益,采购方倾向于选择预期能够提供符合项目要求的服务绩效的供应商。Dickson 等人[15]在 1966 年最早开始研究供应商的服务绩效,提出了以质量、货期、历史绩效等为重要因素的 23 条准则,Caddick 等人[11]在 1987 年提出了包括质量、生产计划与管理系统的有效性、采购价格等指标在内的评价体系,Kannan 等人[12]在 2002 年提出了适用于美国制造业的供应商评价指标体系。国内的相关研究起步较晚,而且大多研究的内容处于应用层面。在企业的实际应用中,通常利用专业的供应商管理团队或专家对目标供应商进行全面的意见评定使定性指标的分析更加合理化。通常,供应商在交货、货物质量、交货提前期、库存水平和设计能力等方面的表现会直接影响到该项目的建设成本和建设水平。另一方面,社会交换理论(Social Exchange Theory)提出,那些能够为我们提供最多报酬的人是对我们吸引力最大的人,采购方在预期能够提供符合标准的服务绩效的供应商中,倾向于选择提供较低价格的供应商。

2.2 供应商的交付能力

在涉及众多供应商的复杂供应网络中,主承包商必须依靠其可靠性才能成功地完成项目。供应商的交付能力代表着供应商是否有能力履行自己的交货义务。交付能力是选择供应商时最重要的标准之一[13]。在采购和建设项目的背景下,供应商的交付能力主要是指供应商在适当的时间、正确的地点、正确的时间交付产品、材料、设备、安装、维护、技术知识和提供其他服务的能力[14]。因此,供应商的交付能力有望在供应商的服务绩效中发挥关键作用。基于以上分析,本文提出如下假设。

H1：供应商的交付能力对供应商的服务绩效具有显著正向影响。

2.3　供应商与采购方之间的信任度

供应商与采购方之间的信任度指的是即使在没有足够能力对对方进行监管的情况下,一方愿意为另一方承担风险的程度。在建设项目中,供应商与采购方之间的信任是相互的,能够降低合作的风险,促进建设项目顺利推进。目前,信任已被广泛用作重要的供应链关系指标[15]。但是,由于供应商对采购方缺乏信任,采购方经常过度要求获得有利的报价,而供应商倾向于担心采购方会进一步挤压其利润率[16]。如果可以在合作伙伴之间建立可信赖的关系,则可以产生更紧密的协作,降低交易成本和供应链风险以及改善项目绩效[20],并且,长期的合作倾向会增加双方之间的信任度。大型 EPC 工程项目中使用了广泛的供应商网络,因此他们与采购方之间的信任对于工程项目的成功至关重要。基于以上分析,本文提出如下假设。

H2：供应商与采购方之间的信任度对供应商的服务绩效具有显著正向影响。

2.4　采购方的态度

态度是蕴含主观评价及由此产生行为倾向性的心理倾向。在建筑行业中,采购方的态度指的是由于采购方企业对供应商企业的主观评价和心理倾向,从而反映在双方谈判中的行为倾向。通常,采购方(代表承包方)和供应商的目标相互矛盾[17]。由于采购方通常会坚持降价,因此,供应商会对采购方提出的所谓的有益改进计划表示怀疑[18]。行业规模较小的供应商通常会依赖行业规模更大、地位较高的采购方,导致双方谈判时经常出现供应商被采购方压制的情况。由于供应商对采购方的态度感到不满,最终导致供应商的服务绩效不佳[19]。另一方面,当采购方的态度较好时,供应商将更倾向于提供较好的服务绩效,相互分享目标并实现潜在的双赢结果。基于以上分析,本文提出如下假设。

H3：采购方的态度对供应商的服务绩效具有显著正向影响。

2.5　供应商的综合实力

在建筑行业中,供应商的综合实力指的是供应商在该业务的供货市场上的综合竞争力。如果说采购方对供应商的态度不佳是因为采购方在合同谈判时所处的"地位"较高,采购方倾向于对供应商的价格进行压制,那么供应商的综合实力衡量的是供应商对该笔订单的依赖度。若该笔订单占该供应商总订单的比例较低,说明供应商对该笔订单的依赖度不高,从而对这笔订单不太重视。当其他更重要的订单出现时,供应商会用有限的资源首先满足其依赖程度高的订单,从而降低该工程项目的效率。反之,若该笔订单占供应商总订单的比例很高,则说明供应商对该笔订单的依赖度很高,因此将会重视这笔订单,使用有限的资源满足该笔订单,从而提升项目的成功率。基于以上分析,本文提出如下假设。

H4:供应商的综合实力对供应商的服务绩效具有显著负向影响。

2.6 采购方的态度与供应商的交付能力

供应商的交付能力决定着采购方对供应商的重视程度,采购方通过对供应商建立评估体系,在综合判断其质量、货期、历史绩效等重要因素之后,对供应商产生了主观认知,并将这些主观认知反映在与供应商谈判的态度中,从而改变采购方的态度。基于以上分析,本文提出如下假设。

H5:供应商的交付能力对采购方的态度具有显著正向影响。

3 研究设计

3.1 量表设计

该研究所包含的因素(供应商的服务绩效、供应商的交付能力、采购方的态度、采购方与供应商之间的信任度、供应商的综合能力)都无法直接观测,在结构方程中属于潜变量。对于潜变量的测量需要使用量化的观测指标[20]。本书基于已查阅的相关文献[21-33],从承包商满意度的角度出发,以长期合作和工程项目的利益为导向,将文献分析内容中的每条量表与各个工程项目专家及承包商企业领导进行访谈及共同探讨,在全面性、简洁性及可操作性等原则指导下,构建了各因素的变量操作化定义,访谈及共同探讨的专家信息如表1所示,选取相应的观测指标如表2所示。

表1 访谈及共同探讨的专家信息

专家序号	所属企业性质	工作经验/年	职务	受教育程度	访谈形式
专家1	承包商	32	总工程师	本科	现场访谈
专家2	承包商	30	科长	本科	现场访谈
专家3	承包商	3	经理	硕士	现场访谈
专家4	供应商	20	公司负责人	专科	现场访谈
专家5	供应商	5	公司经理	本科	现场访谈
专家6	承包商	8	现场管理	专科	微信访谈

表 2 各因素的变量操作化定义

一级指标	二级指标
供应商的服务绩效（A）	交货时间（A1） 愿意灵活地调整（A2） 次品率（A3） 数量（A4） 标准化流程（A5） 交流反馈积极程度（A6）
供应商的交付能力（B）	严谨的生产计划（B1） 同比平均价格优势（B2） 历史项目经验（B3） 企业产能（B4） 物料上游资源（B5）
采购方与供应商之间的信任度（C）	信息公开透明（C1） 长期合作想法（C2） 历史合作经历（C3） 合作紧密（C4） 项目中资源与利益分配（C5） 风险分配（C6）
采购方态度（D）	沟通态度（D1） 谈判时是否发生纠纷（D2） 合同条款符合行业规则（D3） 存在合同违约（D4） 遵守市场规则（D5）
供应商的综合能力（E）	供应商的市场占有率（E1） 该笔订单对供应商的重要程度（E2） 供应商企业成本管控能力（E3） 供应商企业财务状况（E4）

3.2 问卷样本

本文采用结构方程模型对模型进行验证,前期通过调查问卷的方法获取潜在变量的样本数据。问卷采用李斯特量表(Likert Scale)的形式,由 1—7 表示从非常不符合到非常符合,得分越高表示越符合问卷调查给出的观测变量指标。为了保证研究内容周密、有效,具体做法是:首先,根据研究内容及文献研究生成初步问卷,对 3 个不同工程行业管理人员进行专家访谈,对问卷进行修订;然后,进行小样本研究和探索性因子分析,进行进一步修订;最后,根据小样本修订问卷之后开展大样本调查,进行验证性因子分析,在此基础上生成有关研究对象的最终量表,最后验证结构模型及假设。

通常根据观测到的变量数量来考虑样本大小,对于正态分布数据,Bentler[34] 建议,当潜变量有多个指标时,每个变量低于 5 个案例的比例就足够了。这项研究共有 26 个项目。本研究需要的样品数量最低为 130 个。

在定位调查对象时,秉持以下原则:被调查对象一定是工程行业的从业人员,负责工程项目采购的业主方、承包方或者工程高层管理人员。有权限参与与采购方的合同谈判,对所在项目中的供应商管理流程较为熟悉。调查问卷通过问卷星和现场分发相结合的方式,共发出 200 份,最终回收问卷 200 份,剔除存在缺失值及异常值(连续出现一致答案的情况)的问卷[35],得到有效问卷 183 份,有效率为 91.5%。样本的人口统计学信息如图 1 所示,总体而言,样本在工作经验和职务上有较强的代表性,体现出样本丰富的管理经验和较好的专业水平,对于问卷中的信息能够充分理解并且给予经验上的评价,保证了问卷具有较高的回收水平。

3.3 模型的信效度分析

一般来说,信度分析用克隆巴赫系数(Cronbach's alpha)测定综合评价体系的一致性、稳定性和可靠性,克隆巴赫系数取值为 0~1,越趋近于 1 表示数据信度越高,量表也就越稳定。本文的各项 Cronbach's α 系数在 0.86~0.95,因此可以推断各项因素的信度非常好。观测指标均予以保留。

验证性因子分析是结构方程模型中必不可少的部分,研究人员必须在结构方程模型处理前进行验证性因子分析。为了测量该模型中构建体的收敛有效性,我们对 A、B、C、D、E 等 5 个构建体进行了验证性因子分析(表 3)。结果表明,每个构建体的综合可靠性大于 0.85(>0.6)。此外,5 个因素模型中各个项目的标准化因素排序都在 0.83~0.95,超过了 0.60 标准化因素排序阈值,这些初步证据表明了该模型的收敛有效性;所有构造的平均方差提取范围为 0.55~0.95(>0.5)。同时,所有变量的多元相关系数的平方范围均大于 0.5;所有临界值均来自《结构方程模型：AMOS 的操作与应用》，我们提出的模型满足了它们的要求，表明本研究中的所有结构都具有良好的收敛效度。

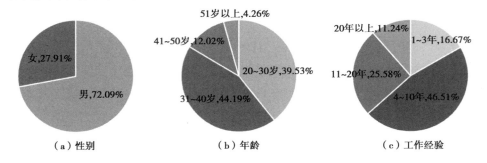

（a）性别　　　　　　　　　　（b）年龄　　　　　　　　　（c）工作经验

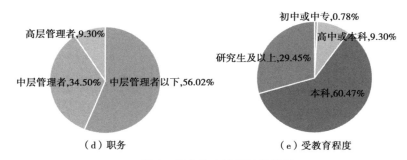

（d）职务　　　　　　　　　　　　　（e）受教育程度

图 1　样本的人口统计学信息

表 3　因子分析统计表

潜变量	观测变量	非标准化系数	S.E.	C.R.	P	克隆巴赫系数	标准化系数	多元相关系数的平方 SMC	综合可靠性 CR	平均方差提取 AVE
A	A1	1.000 0	—	—	—	0.948	0.789	0.623	0.888	0.570
	A2	0.878 4	0.055 4	15.850 5	***		0.710	0.504	—	—
	A3	0.853 5	0.056 3	15.150 6	***		0.679	0.461	—	—
	A4	0.977 2	0.056 6	17.251 8	***		0.769	0.591	—	—
	A5	0.998 6	0.052 5	19.023 2	***		0.838	0.702	—	—
	A6	0.928 1	0.056 7	16.361 7	***		0.733	0.537	—	—

潜变量	观测变量	非标准化系数	S. E.	C. R.	P	克隆巴赫系数	标准化系数	多元相关系数的平方 SMC	综合可靠性 CR	平均方差提取 AVE
B	B1	1.000 0	—	—	—		0.835 4	0.698	0.890	0.620
	B2	0.936 3	0.085 1	11.005 4	***		0.737 4	0.544	—	—
	B3	0.864 9	0.084 3	10.265 7	***	0.890	0.699 5	0.489	—	—
	B4	1.040 6	0.082 7	12.575 7	***		0.813 3	0.661	—	—
	B5	1.082 6	0.0823	13.150 2	***		0.841 1	0.707	—	—
C	C1	1.000 0	—	—	—		0.834 0	0.696	0.945	0.741
	C2	0.928 8	0.060 8	15.282 8	***		0.882 7	0.779	—	—
	C3	0.878 0	0.064 9	13.537 6	***	0.944	0.819 8	0.672	—	—
	C4	0.908 8	0.063 7	14.257 9	***		0.846 8	0.717	—	—
	C5	0.973 3	0.061 6	15.810 5	***		0.900 4	0.811	—	—
	C6	1.000 6	0.066 2	15.105 0	***		0.876 7	0.769	—	—
D	D1	1.000 0	—	—	—		0.919 8	0.846	0.947	0.781
	D2	0.923 1	0.051 1	18.059 2	***		0.868 2	0.754	—	—
	D3	0.922 1	0.050 1	18.406 9	***	0.947	0.874 9	0.765	—	—
	D4	0.933 8	0.048 9	19.115 8	***		0.887 9	0.788	—	—
	D5	0.955 3	0.053 2	17.958 1	***		0.866 2	0.750	—	—
E	E1	1.000 0	—	—	—		0.808 1	0.653	0.867	0.619
	E2	0.880 3	0.085 5	10.292 9	***		0.741 4	0.550	—	—
	E3	0.995 0	0.085 8	11.593 4	***	0.865	0.830 6	0.690	—	—
	E4	1.024 0	0.096 1	10.652 9	***		0.764 0	0.584	—	—

注:***表示小于0.001。

3.4 区别效度检验

AVE 的平方根与构造的相关性如表 4 所示。由表可知,在该模型中,一个构建体的所有估计互相关性均小于该构建体的 AVE 的平方根(用于判别有效性的 AVE 的平方根在圆括号中)。数据表明,提出的模型中绝大多数的构造都具有良好的判别效度,因此该模型通过区别效度检验。

表 4　AVE 的平方根与构造的相关性

潜变量	AVE	A	B	C	D	E
A	0.570	(1.000 0)	—	—	—	—
B	0.620	0.450 2	(1.000 0)	—	—	—
C	0.741	0.671 0	0.299 5	(1.000 0)	—	—
D	0.781	0.610 4	0.363 8	0.546 2	(1.000 0)	—
E	0.619	−0.186 2	0.289 7	−0.199 3	0.102 1	(1.000 0)

3.5　模型适配度检验

基于理论模型本文构建的测量模型如图 2 所示。

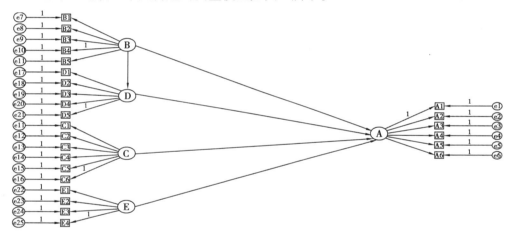

图 2　整体模型示意图

良好的模型拟合是使用 SEM 进行模型测试的必要条件。模型拟合得越好,模型矩阵与样本矩阵之间的差异就越小。从这种测量模型得出的结论就具有较高的可信度。分别从检验各变量之间假设关系和全模型适配度来对模型适配度进行检验。模型适配度检验选择了 χ^2/df、比较拟合指数(CFI)、增加心理拟合指数(IFI)、均方根近似误差(RMSEA)作为模型适配度指标。从表 5 可以看出,除各变量之间假设关系检验均符合标准,供应商的服务绩效与供应商的综合实力之间的 P 值略低于临界值之外,其他指标均满足要求;从表 6 可以看出,全模型适配度的各项指标均满足要求,这说明各项拟合指标均达到良好水平,模型整体拟合度较好,具有较高的可信度。

表5　各变量之间假设关系检验统计

各变量之间的假设关系			标准化路径系数	指标					结论
				x^2/df	CFI	IFI	RMSEA	P	
				<5	>0.90	>0.90	<0.15	<0.01	
供应商的交付能力	-->	供应商的服务绩效	0.668	3.695	0.930	0.930	0.107	***	适配
供应商与采购方的信任度	-->	供应商的服务绩效	0.729	1.767	0.980	0.981	0.065	***	适配
采购方的态度	-->	供应商的服务绩效	0.690	2.07	0.977	0.977	0.077	***	适配
供应商的综合实力	-->	供应商的服务绩效	-0.264	1.681	0.977	0.977	0.07	0.02	良好
供应商的交付能力	-->	采购方的态度	0.255	2.873	0.952	0.953	0.104	***	适配

注：***表示小于0.001。

表6　全模型适配度指标

模型适配度指标	临界值	模型值
x^2	—	704.623
x^2/df	<3	2.001
P	<0.05	<0.001
CFI	>0.90	0.902
IFI	>0.90	0.903
RMSEA	<0.15	0.082

4　研究结果分析

4.1　直接效应检验

全模型其标准化路径系数如表7所示。各路径系数均达到显著，即关系模型图有效，可以等待下一步的验证。

表7　各因素之间修正模型参数估计

各因素之间的假设关系			Estimate	S. E.	C. R.	P
供应商的交付能力	-->	采购方态度	0.542 01	0.116 6	4.651 0	***

续表

各因素之间的假设关系			Estimate	S. E.	C. R.	P
采购方态度	-->	供应商服务绩效	0.321 5	0.057 5	5.593 4	***
供应商的交付能力	-->	供应商服务绩效	0.411 1	0.088 2	4.658 9	***
采购方与供应商之间的信任	-->	供应商服务绩效	0.345 9	0.050 6	6.830 4	***
供应商的综合实力	-->	供应商服务绩效	-0.249 3	0.063 0	-3.9591	***

注:***表示小于0.001。

4.2 中介变量假设检验

各变量间假设检验通过后,需要进行采购方态度的中介作用的检验。我们对采购方的态度在供应商的资历和供应商的服务表现之间的中介作用进行检验。采购方态度对供应商资历与供应商服务表现的中介作用模型如图3所示。

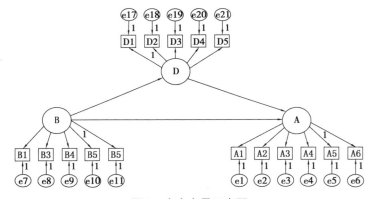

图 3　中介变量示意图

各项拟合指标:$\chi^2/\mathrm{d}f = 2.327$,<3;CFI = 0.931;IFI = 0.932;各拟合指标高于最低标准。RMSEA = 0.093,<0.1;表明各指标的拟合效果很完美。

由表 8 可以看出,供应商的交付能力与供应商的服务绩效之间的标准化路径系数由 0.668 3 减少至 0.438 1,$P<0.001$,达到显著性水平;供应商的服务绩效与供应商态度的标准化路径系数为 0.570 5,$P<0.001$,达到显著性水平;供应商的态度与供应商的交付能力的标准化路径系数为 0.459 6,$P<0.001$,达到显著性水平。从以上结果可以看出,供应商的态度在供应商的交付能力和供应商的服务业绩之间起部分中介作用,假设 5 得到验证。

表8 采购方态度对供应商资历与供应商服务表现的中介作用模型参数估计

各因素之间的假设关系			标准化路径系数	S. E.	C. R.	P
供应商的交付能力	-->	供应商的态度	0.459 6	0.133 9	3.432 6	＊＊＊
供应商的态度	-->	供应商的服务绩效	0.570 5	0.087 8	6.496 0	＊＊＊
供应商的交付能力	-->	供应商的服务绩效	0.438 1	0.126 6	3.461 2	＊＊＊

注：＊＊＊表示小于0.001。

5 结论与讨论

以往有关供应商服务绩效的研究大多集中在服务绩效的评价系统上,忽略了影响供应商表现的因素。少部分研究证明,供应商的交付能力和供应商与采购方的信任度对供应商的服务绩效存在积极影响,而在中国企业的情境下,以往企业的实际项目经验都暗示着采购方的态度和供应商的综合实力对供应商的服务绩效具有一定影响。本文主要是在中国企业情境下探讨供应商的交付能力、供应商与采购方之间的信任度、采购方的态度和供应商的综合实力对供应商服务绩效的影响,并检验采购方的态度在供应商的交付能力和供应商服务绩效之间的中介作用。概括而言,本文发现,供应商的交付能力、供应商与采购方之间的信任度、采购方的态度对供应商的服务绩效都有积极影响,供应商的综合实力对供应商的服务绩效有消极影响,采购方的态度在供应商的交付能力与供应商服务绩效之间起部分中介作用。实证研究进一步说明了供应商选择、供应商谈判的重要性。

(1)供应商的交付能力对供应商的服务绩效有显著正向影响

多项研究表明,承包商需要依靠供应商的交付能力,与之紧密合作以改善关系和整体工作条件,在本文中,供应商的交付能力这一因素对供应商的服务绩效的贡献度最大。此结果与前人的研究相互呼应。

(2)采购方与供应商的信任度对供应商的服务绩效有正向影响

在大部分文献中,信任度对建筑供应链关系和成功的项目合作的重要程度非常高[36]。尽管表6中的结果表明采购方与供应商之间的信任显著影响供应商的服务绩效,但其贡献可能不那么重要。

（3）供应商的态度对供应商的服务绩效有正向影响

供应商的态度的 5 个观测变量的均值相对较高。但是与其他几个因素相比，供应商的态度对供应商的服务绩效的贡献度较低，但是存在中介效应的影响，因此对供应商的服务绩效的贡献度还有待分析。

（4）供应商的综合实力对供应商的服务绩效有显著负向影响

供应商的综合实力的 4 个观测变量均为负值，但绝对值较低，说明其对供应商的服务绩效有一定影响，但相对其他因素贡献较低。这说明企业在选择供应商的时候，在综合考虑了供应商的交付能力、信任度之后，倾向于选择综合实力较低的供应商，以避免在市场供小于求的阶段，供应商可能因为其订单较多而忽略该笔订单，降低该笔订单的服务绩效。

（5）供应商态度在供应商的交付能力和供应商的服务绩效之间起中介作用

实证研究证实了采购方态度的中介作用，这说明，当采购方对供应商的态度较好时，供应商有表现出更好服务绩效的倾向。除了对采购方表示感谢，更有可能是因为供应商本身的交付能力较好，使得采购方态度变好，最终对供应商的服务绩效产生更大的影响。

建筑行业为我国重要的支柱产业之一，对于庞大的传统行业而言，学习并应用先进的管理思想进展非常缓慢，工程项目中的供应商管理仍然存在较大的改善空间，现阶段工程项目的采购仍然非常注重价格谈判而忽略与供应商建立长期稳定的合作伙伴关系。在探究供应商服务绩效影响因素中的关系假设得到验证的基础上，对工程项目给予以下两方面的具体管理建议措施：①建筑企业应建立合理的供应商选择决策标准与方法，不应一味地通过价格压制作为唯一的衡量目标，应更多地将供应商企业的交付能力和综合实力纳入考量范围；②建筑企业应逐步改进供应商管理模式，在与供应商谈判沟通中，保障与生产和质量相关的信息的共享，通过改善态度、建立信任和利益共享的理念方式构建长期稳定的合作伙伴关系。

参考文献

[1] TANG W Z, QIANG M S, DUFFIELD C F, et al. Incentives in the Chinese construction industry [J]. Journal of Construction Engineering and Management, 2008, 134(7): 457-467.

[2] JULKA N, SRINIVASAN R, KARIMI I. Agent-based supply chain management—1: framework [J]. Computers & Chemical Engineering: An International Joumai of Computer Applications in Chemicai Engineering, 2002, 26(12): 1755-1769.

［3］O'BRIEN W J, FORMOSO C T, RUBEN V, et al. Construction supply chain modeling：Issues and perspectives［J］. Construction Supply Chain Management Handbook, 2008：5-10.

［4］LIU B S, LI Y, XUE B, et al. Why do individuals engage in collective actions against major construction projects? —An empirical analysis based on Chinese data［J］. International Journal of Project Management, 2018, 36(4)：612-626.

［5］YEO K T, NING J H. Managing uncertainty in major equipment procurement in engineering projects［J］. European Journal of Operational Research, 2006, 171(1)：123-134.

［6］AKINTOYE A, MCINTOSH G, FITZGERALD E. A survey of supply chain collaboration and management in the UK construction industry［J］. European Journal of Purchasing & Supply Management, 2000, 6(3/4)：159-168.

［7］BRISCOE G, DAINTY A R J, MILLETT S. Construction supply chain partnerships：Skills, knowledge and attitudinal requirements［J］. European Journal of Purchasing & Supply Management, 2001, 7(4)：243-255.

［8］CHRISTOPHER M, GATTORNA J. Supply chain cost management and value-based pricing［J］. Industrial Marketing Management, 2005, 34(2)：115-121.

［9］CHAI J Y, LIU J N K, NGAI E W T. Application of decision-making techniques in supplier selection：A systematic review of literature［J］. Expert Systems with Applications, 2013, 40(10)：3872-3885.

［10］CHAN A P C, CHAN D W M, CHIANG Y H, et al. Exploring critical success factors for partnering in construction projects［J］. Journal of Construction Engineering and Management, 2004, 130(2)：188-198.

［11］李琦. 供应商开发管理：以 BI 公司为例［D］.北京：清华大学,2011.

［12］HAWKINS T G, RANDALL W S, COYNE A V, et al. Sustainable integrity：How reverse auctions can benefit suppliers in emerging markets［J］. Supply Chain Management：an International Journal, 2014. 19(2)：126-141.

［13］LARSON E. Project partnering：Results of study of 280 construction projects［J］. Journal of Management in Engineering, 1995, 11(2)：30-35.

［14］TEO T S H, LIN S J, LAI K H. Adopters and non-adopters of e-procurement in Singapore：An empirical study［J］. Omega, 2009, 37(5)：972-987.

［15］DICKSON G W. An analysis of vendor selection systems and decisions［J］. Journal of Purchasing, 1966, 2(1)：5-17.

［16］CADDICK J R, DALE B G. The determination of purchasing objectives and strategies：Some key influences［J］. International Journal of Physical Distribution & Materials Management, 1987,17

（3）:5-16.

[17] KANNAN V R, TAN K C. Supplier selection and assessment: Their impact on business performance[J]. Journal of Supply Chain Management, 2002, 38(3): 11-21.

[18] HO W, XU X, DEY P K. Multi-criteria decision making approaches for supplier evaluation and selection: A literature review[J]. European Journal of Operational Research, 2010. 202(1): 16-24.

[19] ESHTEHARDIAN E, GHODOUSI P, BEJANPOUR A. Using ANP and AHP for the supplier selection in the construction and civil engineering companies: case study of Iranian company[J]. KSCE Journal of Civil Engineering, 2013, 17(2): 262-270.

[20] BEACH R, WEBSTER M, CAMPBELL K M. An evaluation of partnership development in the construction industry[J]. International Journal of Project Management, 2005, 23(8): 611-621.

[21] 曾立雄,阎子刚,朱强. AHP 方法在运输服务供应商选择评价中的应用[J]. 广东交通职业技术学院学报,2007,6(1):63-65.

[22] 龙一民,崔南方. 设备维护外包服务商绩效评估指标研究[J]. 物流技术,2007,26(8): 83-86.

[23] 宋丹霞,黄卫来. 服务供应链视角下的生产性服务供应商评价[J]. 武汉理工大学学报(信息与管理工程版),2010,32(3):473-477.

[24] 雷星晖,尤筱玥. 基于层次分析法支持决策的外包服务供应商绩效评价[J]. 同济大学学报(自然科学版),2014,42(11):1770-1775.

[25] YEN D A, ABOSAG I, HUANG Y A, et al. Guanxi GRX (ganqing, renqing, xinren) and conflict management in Sino-US business relationships[J]. Industrial Marketing Management, 2017(66): 103-114.

[26] DONG W W, MA Z Z, ZHOU X L. Relational governance in supplier-buyer relationships: The mediating effects of boundary spanners' interpersonal Guanxi in China's B2B market[J]. Journal of Business Research, 2017, 78: 332-340.

[27] BERGER R, HERSTEIN R, SILBIGER A, et al. Is Guanxi universal in China? Some evidence of a paradoxical shift[J]. Journal of Business Research, 2018(86): 344-355.

[28] QIAN Q Z, ZHANG L Y. Impact of regulatory focus on choice of project-governance modes: Role of tolerance of opportunistic behavior[J]. Journal of Construction Engineering and Management, 2018, 144(8): 04018070.

[29] 赵樱. 基于建筑供应链管理的供应商选择研究[D]. 北京:对外经济贸易大学,2018.

[30] 罗振华,钟蒙繁,贺建,等. 基于改进肯特指数法的绿色建筑部品供应商选择策略研究[J]. 科技进步与对策,2018,35(24):76-80.

［31］郁玉兵. 关系资本对供应链质量整合与绿色管理的影响研究［D］. 杭州:浙江大学,2015.

［32］BEAMON B M. Measuring supply chain performance［J］. International journal of operations & production management, 1999,19(3):275-292.

［33］MASKELL B H. Performance measurement for world class manufacturing:A model for American companies［M］. Cambridge, Mass:Productivity Press, 1991.

［34］DAINTY A R J, MILLETT S J, BRISCOE G H. New perspectives on construction supply chain integration［J］. Supply Chain Management, 2001,6(4):163-173.

［35］WANG G, HE Q H, XIA B, et al. Impact of institutional pressures on organizational citizenship behaviors for the environment:Evidence from megaprojects［J］. Journal of Management in Engineering, 2018, 34(5):1-11.

［36］JELODAR M B, YIU T W, WILKINSON S. A conceptualisation of relationship quality in construction procurement［J］. International Journal of Project Management, 2016, 34(6):997-1011.

基金项目:中央高校基本科研业务费 NO. 2020CDJSK03YJ06、2020CDJSK03PT08

作者简介:向鹏成,男,生于 1974 年,四川万源人,教授、博士。主要研究方向:项目管理、风险管理、房地产经济与住房政策等;联系方式:13883689728、pcxiang@ cqu. edu. cn。

刘禹,女,生于 1997 年,上海人,硕士研究生。主要研究方向:工程项目管理、城市经济与发展等。

价值链视角下信息化对我国
建筑业升级的影响研究

徐鹏鹏,唐　柳

(重庆大学 管理科学与房地产学院,重庆 400044)

　　摘　要:建筑业在快速发展过程中存在诸多问题,信息技术的快速发展对传统产业的改造升级具有重要的推动作用。从价值链视角下产业升级内涵出发,分别建立表征信息化水平、建筑业升级的指标体系,并基于全局主成分分析法和固定效应回归方法,利用我国 2010—2019 年的省级面板数据,分析信息化对建筑业升级的影响。结果显示,全国整体层面上,信息化可有效促进建筑业升级;分地区层面上,信息化对东、西部地区建筑业升级具有明显的推动作用,而对中部地区无显著影响;政府参与程度、行业平均规模和金融发展水平对建筑业升级的冲击效应同样明显。结合研究结果,提出促进我国建筑业升级的对策和建议。

　　关键词:信息化;价值链;建筑业升级;实证研究

　　中图分类号:F426　　　　　　　　　　**文献标识码**:A

Abstract:There are many problems in the rapid expansion of the construction industry, while the development of information technology plays an important role in promoting the transformation and upgrading of traditional industries. Starting from the connotation of industrial upgrading from the perspective of value chain, the index systems representing the level of informatization and the upgrading of the construction industry were established. Based on the global principal component analysis method and fixed effect regression method, the influence of informatization on the upgrading of the construction industry was analyzed using the provincial panel data from 2010 to 2019. The results show that: on the whole level, informatization can effectively promote the upgrading of construction industry; At the regional level, informatization plays a significant role in promoting construction industry upgrading in the eastern and western regions, but has no significant effect on the central region. The level of government participation, the average scale of the industry and the financial development level also have obvious impact on the upgrading of the construction industry. Based on the results, some suggestions are put forward to promote the upgrading of construction industry.

1 引　言

近年来,我国建筑业取得了辉煌的成就,是我国的支柱产业。但长期以来,建筑业面临着生产效率不高、管理方式粗放、劳动力短缺、信息化水平低、环境污染较大、安全问题较多等诸多问题。在我国经济发展新常态背景下,建筑业进行转型升级,走高质量发展之路势在必行。

波特[1]的价值链理论指出每一个企业都是在设计、生产、销售和其他辅助的过程中进行各种活动的集合体,所有这些创造价值的活动可以用一条价值链来表示。将企业微观层面的价值链理论延伸到产业中观层面,价值链扩充为产业价值链,是产业链上企业价值链的整合,是产业中沿着产业链条不断转移、创造价值的通道[2]。

产业升级主要包含产业内部结构的改善和产业质量的提高两个方面内涵。由此,国内外学者对产业升级的研究主要集中在产业结构视角和价值链视角。前者通常用于国家或地区层面的宏观研究,其主要表现为某国或某地区三次产业的结构演变过程。后者常用于企业和单个产业的研究,强调产业自身素质和效率的提升,表现为由低技术水平向高技术水平的攀升,由低附加值状态向高附加值状态的演变[3]。

信息化已成为现代经济社会发展的强大动力,推动着产业革命的进行。Arvanitis 等人[4]认为信息技术对工艺和产品创新具有促进作用,从而提升产品的附加值。Perez[5]提出了技术革命推动“技术—经济范式”演化的理论框架,指出在第 5 次技术革命中,信息技术会驱动新兴产业崛起与传统产业改造。杜传忠和马武强[6]认为信息化具有直接对传统产业进行改造、升级的能力。朱春红[7]认为信息产业具有高增值、高增长、高效率的特点,这与产业结构升级在很大程度上具有关联性。丰志培等人[8]从中药产业链、价值链和升级动力 3 个层面分析了中药产业升级的障碍因素,提出将中药产业与互联网信息技术相结合,促进中药产业升级。

当前我国对产业升级的研究主要集中在地区 3 次产业结构的调整和制造业等细分产业较多的产业,对建筑业升级的研究,尤其是实证研究尚少。因此,本文以建筑产业为研究对象,以信息化为切入点,通过理论和实证分析、研究信息化对建筑业升级的影响,为信息化赋能建筑业升级提供参考。

2 信息化水平和建筑业升级的测度

2.1 信息化水平、建筑业升级评价指标体系

根据对信息化的内涵的理解和对区域信息化发展情况的把握,在借鉴国家信息化发展指数 II、李赫龙[9]、左鹏飞[10]等人的研究成果基础上,从信息化基础设施、应用水平、知识支撑和发展环境 4 个维度(二级指标)筛选出 14 项三级指标,形成信息化水平三级评价指标体系,如表 1 所示。

表 1　信息化水平三级评价指标体系

一级指标	二级指标	三级指标	指标计算方法
信息化水平	基础设施	单位面积长途光缆长度 X_1	每平方千米长途光缆长度
		移动电话交换机容量比率 X_2	每百人移动电话交换机容量
		互联网宽带接入端口比率 X_3	每百人互联网宽带接入端口数量
	应用水平	移动电话普及率 X_4	每百人移动电话数量
		互联网普及率 X_5	每百人互联网上网人数
		计算机普及率 X_6	每百人使用计算机台数
		域名持有率 X_7	每万人持有域名数
	知识支撑	研发投入强度 X_8	R&D 经费投入占地区生产总值比重
		大学生人数占比 X_9	每万人毕业大学生数
		人均教育经费投入 X_{10}	每人教育经费投入
	发展效果	信息产业从业人员占比 X_{11}	每千人就业人数中信息产业从业人员数量
		信息产业平均营业收入 X_{12}	信息制造业营业收入与信息制造业从业人员数量之比
		人均电信业务消费量 X_{13}	电信业务总量与地区人口数之比
		人均地区生产总值 X_{14}	地区生产总值与人口数之比

注:信息产业包括国民经济行业分类中的两个产业:计算机、通信和其他电子设备制造业(信息制造业),信息传输、软件和信息技术服务业(信息服务业)。

基于价值链视角下建筑业升级的定义,从效益水平、效率水平、技术水平提高等 3 个维度(二级指标),参考卜炜玮[11]、杨承乾[12]、李红艳[13]等关于建筑业效益、效率、技术化水平评价指标的研究,共选取 10 个三级指标,形成建筑业升级评价指标体系,如表 2 所示。

表 2　建筑业升级评价指标体系

一级指标	二级指标	三级指标	单位
建筑业升级	效益水平	利税总额 X_1	亿元
		每亿元产值 CO_2 排放量 X_2	t/亿元
		建筑业从业人员数量 X_3	万人
		ENR 全球最大 250 家国际承包商个数 X_4	个
	效率水平	人均产值 X_5	万元/人
		人均利税额 X_6	元/人
		劳动生产率 X_7	元/人
	技术水平	技术装备率 X_8	元/人
		建筑业专利数量 X_9	项
		应用于建筑业的科技成果数量 X_{10}	项

2.2　基于主成分分析法的信息化、建筑业升级综合指数

(1)数据来源及说明

本文主要选取 2010—2019 年我国 30 个省(直辖市、自治区)①样本的相关数据进行各区域信息化、建筑业升级分析,数据主要源自《中国统计年鉴》、各省(市、区)《统计年鉴》《全国科技经费投入统计公报》《中国互联网络发展状况统计报告》《中国建筑业统计年鉴》《中国能源统计年鉴》、知网成果和专利数据库以及国家统计局网站,个别缺失数据由平均增长率计算。

(2)指数测算方法

本文采用全局主成分分析(GPCA)的方法确定指标权重。具体步骤如下:

①标准化处理。

对原始数据进行标准化处理以消除量纲的影响,本文采用极差法进行数据标

---

① 由于西藏地区数据缺失较为严重,因此剔除西藏地区,同时,本文的数据不含港、澳、台地区的相关数据。

准化处理,公式如下:

$$ZX = \frac{X - X_{\min}}{X_{\max} - X_{\min}}$$

其中 $X_{\max}$ 和 $X_{\min}$ 分别是指标观测值 X 的最大值和最小值, ZX 是标准化后的指标数值。

②KMO 和 Bartlett 检验。

运用 SPSS25 软件进行检验,结果显示信息化和建筑业升级指标体系 KMO 值分别为 0.867、0.662,均大于 0.5,巴特利特球形度检验显著性均为 0.000,小于 0.05,因此认为本文指标变量适合作主成分分析。

③主成分分析。

利用 SPSS25 软件,对 2010—2019 年我国 30 个省(直辖市、自治区)标准化后的指标数据进行全局主成分分析,由主成分表达式系数及主成分对应的方差百分比,计算各指标权重,如表 3、表 4 所示。

表 3　信息化水平评价指标权重

一级指标	二级指标	三级指标	权重
信息化水平	基础设施 0.184	单位面积长途光缆长度 X_1	0.077
		移动电话交换机容量比率 X_2	0.044
		互联网宽带接入端口比率 X_3	0.063
信息化水平	应用水平 0.316	移动电话普及率 X_4	0.081
		互联网普及率 X_5	0.084
		计算机普及率 X_6	0.077
		域名持有率 X_7	0.074
	知识支撑 0.236	研发投入强度 X_8	0.097
		大学生人数占比 X_9	0.065
		人均教育经费投入 X_{10}	0.074
	发展效果 0.264	信息产业从业人员占比 X_{11}	0.092
		信息产业平均营业收入 X_{12}	0.038
		人均电信业务消费量 X_{13}	0.038
		人均地区生产总值 X_{14}	0.096

表4　建筑业升级评价指标权重

一级指标	二级指标	三级指标	权重
建筑业升级	效益水平 0.511	利税总额 X_1	0.181
		每亿元产值 CO_2 排放量 X_2	0.118
		建筑业从业人员数量 X_3	0.171
		ENR 全球最大 250 家国际承包商个数 X_4	0.041
	效率水平 0.113	人均产值 X_5	0.023
		人均利税额 X_6	0.014
		劳动生产率 X_7	0.076
	技术水平 0.376	技术装备率 X_8	0.029
		建筑业专利数量 X_9	0.187
		应用于建筑业的科技成果数量 X_{10}	0.16

（3）测算结果与分析

表5是根据息化水平评价指标权重,计算得到的2010—2019年我国各地区信息化综合指数,图1是我国信息化水平整体发展趋势图,图2是我国各地区信息化指数标准差。测算结果表明,全国整体呈上升趋势;区域发展不平衡且差异不断增加,但增速趋于平缓。图1显示我国信息化指数水平不断提高,且北京、上海信息化指数最高（图1异常值均为北京、上海各年份信息化指数）;东部地区信息化发展水平领跑全国,以表5所列2019年数据为例,信息化指数排名前7的地区全部属于东部地区;图2表明我国各区域信息化发展水平差距不断增加。

表5　2010—2019年我国各地区信息化综合指数

地区	年份									
	2010	2011	2012	2013	2014	2015	2016	2017	2018	2019
北京	0.546	0.560	0.601	0.637	0.674	0.727	0.764	0.775	0.828	0.884
天津	0.311	0.338	0.359	0.376	0.382	0.382	0.405	0.428	0.458	0.499
河北	0.099	0.122	0.149	0.170	0.183	0.200	0.222	0.241	0.265	0.299
山西	0.125	0.139	0.162	0.194	0.199	0.219	0.228	0.251	0.281	0.307
内蒙古	0.117	0.142	0.178	0.209	0.23	0.231	0.246	0.267	0.294	0.317
辽宁	0.172	0.198	0.217	0.246	0.258	0.296	0.299	0.316	0.335	0.357

续表

地区	年份									
	2010	2011	2012	2013	2014	2015	2016	2017	2018	2019
吉林	0.116	0.133	0.156	0.177	0.194	0.208	0.239	0.267	0.281	0.317
黑龙江	0.097	0.113	0.133	0.160	0.182	0.195	0.222	0.236	0.256	0.285
上海	0.457	0.463	0.512	0.522	0.555	0.575	0.608	0.639	0.668	0.712
江苏	0.264	0.284	0.312	0.337	0.358	0.384	0.400	0.429	0.478	0.511
浙江	0.241	0.258	0.304	0.316	0.338	0.385	0.397	0.428	0.467	0.501
安徽	0.079	0.107	0.134	0.160	0.174	0.198	0.217	0.249	0.276	0.303
福建	0.218	0.236	0.264	0.282	0.300	0.333	0.360	0.404	0.423	0.450
江西	0.066	0.088	0.108	0.128	0.145	0.168	0.195	0.228	0.270	0.313
山东	0.145	0.168	0.186	0.222	0.235	0.255	0.277	0.300	0.318	0.344
河南	0.075	0.096	0.115	0.145	0.160	0.181	0.204	0.224	0.260	0.296
湖北	0.134	0.158	0.178	0.196	0.220	0.244	0.266	0.280	0.308	0.342
湖南	0.084	0.102	0.129	0.147	0.161	0.175	0.199	0.229	0.257	0.294
广东	0.283	0.310	0.346	0.379	0.399	0.427	0.447	0.467	0.502	0.539
广西	0.057	0.079	0.103	0.121	0.142	0.163	0.183	0.225	0.257	0.295
海南	0.132	0.155	0.183	0.206	0.221	0.253	0.267	0.294	0.325	0.367
重庆	0.119	0.140	0.168	0.196	0.223	0.258	0.285	0.313	0.349	0.381
四川	0.091	0.110	0.133	0.165	0.186	0.210	0.230	0.255	0.289	0.333
贵州	0.041	0.070	0.092	0.115	0.137	0.163	0.185	0.224	0.265	0.317
云南	0.048	0.067	0.087	0.113	0.129	0.149	0.173	0.199	0.231	0.275
陕西	0.157	0.185	0.209	0.230	0.251	0.281	0.308	0.320	0.354	0.382
甘肃	0.059	0.077	0.098	0.121	0.134	0.163	0.176	0.211	0.231	0.266
青海	0.10	0.114	0.149	0.176	0.202	0.221	0.218	0.236	0.280	0.338
宁夏	0.096	0.124	0.150	0.170	0.189	0.213	0.241	0.278	0.324	0.349
新疆	0.098	0.120	0.150	0.177	0.186	0.206	0.218	0.230	0.271	0.298

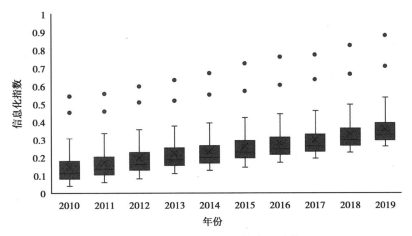

图 1　我国信息化水平整体发展趋势

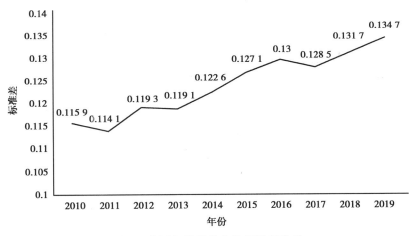

图 2　我国各地区信息化指数标准差

表 6 是根据建筑业升级评价指标权重计算得到的 2010—2019 年我国各地区建筑业升级指数;图 3 是我国信息化水平整体发展趋势图;图 4 是我国各地区建筑业升级指数标准差。测算结果表明,第一,整体水平稳步提升,部分地区升级不明显。图 3 表明我国建筑业升级水平总体上呈现稳步上升趋势,表 6 显示多数地区建筑业升级指数 10 年间上升较为明显,内蒙古、青海、海南、辽宁等地区建筑业升级不明显。第二,区域发展不平衡情况加剧。东部地区建筑业升级水平明显高于中、西部地区,以 2019 年数据为例建筑业升级指数排名前 10 个省份里东部地区占据 7 个,而倒数 10 个省份里西部地区占据 7 个。

表6 2010—2019 年我国各地区建筑业升级指数

地区	年份									
	2010	2011	2012	2013	2014	2015	2016	2017	2018	2019
北京	0.311	0.373	0.394	0.386	0.380	0.378	0.423	0.415	0.407	0.436
天津	0.272	0.336	0.320	0.304	0.300	0.298	0.301	0.283	0.291	0.252
河北	0.244	0.244	0.281	0.285	0.271	0.254	0.241	0.257	0.292	0.277
山西	0.159	0.172	0.192	0.172	0.198	0.195	0.204	0.261	0.229	0.314
内蒙古	0.034	0.092	0.101	0.115	0.105	0.100	0.097	0.086	0.090	0.086
辽宁	0.237	0.237	0.285	0.270	0.252	0.230	0.213	0.197	0.206	0.224
吉林	0.138	0.156	0.168	0.155	0.164	0.153	0.162	0.162	0.168	0.164
黑龙江	0.179	0.185	0.189	0.189	0.183	0.182	0.184	0.186	0.156	0.167
上海	0.346	0.348	0.354	0.316	0.349	0.342	0.367	0.338	0.342	0.334
江苏	0.405	0.485	0.519	0.542	0.543	0.557	0.571	0.586	0.648	0.617
浙江	0.425	0.445	0.492	0.543	0.539	0.585	0.607	0.620	0.647	0.519
安徽	0.200	0.219	0.240	0.234	0.238	0.267	0.311	0.330	0.352	0.281
福建	0.198	0.208	0.224	0.231	0.249	0.268	0.289	0.319	0.343	0.341
江西	0.161	0.183	0.191	0.201	0.210	0.214	0.253	0.220	0.240	0.247
山东	0.307	0.309	0.311	0.329	0.350	0.364	0.388	0.393	0.397	0.382
河南	0.267	0.307	0.321	0.351	0.345	0.366	0.339	0.342	0.375	0.364
湖北	0.235	0.250	0.289	0.312	0.323	0.345	0.357	0.360	0.394	0.370
湖南	0.179	0.181	0.218	0.210	0.227	0.242	0.234	0.258	0.297	0.281
广东	0.353	0.376	0.384	0.397	0.421	0.471	0.489	0.547	0.626	0.573
广西	0.152	0.173	0.181	0.195	0.207	0.235	0.248	0.247	0.240	0.213
海南	0.093	0.128	0.137	0.129	0.122	0.120	0.122	0.122	0.124	0.134
重庆	0.187	0.209	0.218	0.235	0.261	0.261	0.301	0.274	0.291	0.248
四川	0.257	0.247	0.295	0.309	0.288	0.304	0.336	0.313	0.372	0.338
贵州	0.104	0.126	0.140	0.144	0.142	0.161	0.158	0.174	0.180	0.180
云南	0.131	0.129	0.161	0.193	0.168	0.181	0.194	0.206	0.226	0.211
陕西	0.254	0.263	0.224	0.222	0.242	0.257	0.269	0.263	0.268	0.249
甘肃	0.121	0.128	0.161	0.162	0.171	0.180	0.184	0.174	0.188	0.178
青海	0.114	0.116	0.117	0.127	0.132	0.137	0.123	0.131	0.133	0.130
宁夏	0.088	0.103	0.110	0.114	0.119	0.115	0.120	0.117	0.117	0.119
新疆	0.128	0.136	0.160	0.150	0.154	0.154	0.157	0.158	0.160	0.161

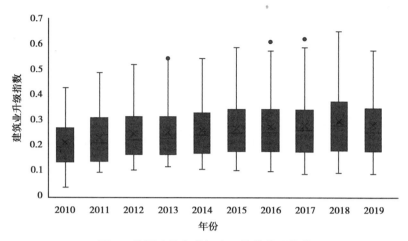

图3　我国建筑业升级水平整体发展趋势

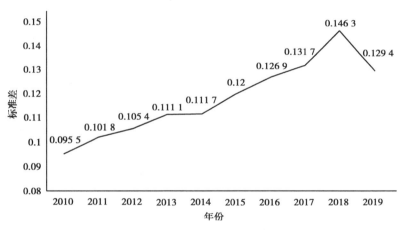

图4　我国各地区建筑业升级指数标准差

3　信息化水平对建筑业升级的影响回归分析

3.1　变量选取与数据来源

（1）变量选取

被解释变量为建筑业升级指数,用 CU 表示;解释变量为信息化水平,用 IL 表示;参考已有研究并基于数据的可得性,选取政府参与程度（GP）、城镇化水平（UL）、行业平均规模（AS）、外商直接投资（FDI）、金融发展水平（FD）、人力资本存量（HR）为控制变量,各变量及测度方式总结如表7所示。

表 7 变量及测度方式

变量类别	变量	符号	单位	测度方式
被解释变量	建筑业升级指数	CU	—	前文 2.2 节,主成分分析法
解释变量	信息化水平	IL	—	前文 2.2 节,主成分分析法
控制变量	政府参与程度	GP	%	地区财政支出/地区生产总值
	城镇化水平	UL	%	地区城镇人口/年末常住人口
	行业平均规模	AS	亿元/个	建筑业企业资产总额/企业数量
	外商直接投资	FDI	%	外商及港澳台商投资建筑业企业资产/建筑业企业资产总额
	金融发展水平	FD	%	地区存贷款余额/地区生产总值
	人力资本存量	HR	年	人均受教育年限=(文盲人数×1+小学学历人数×6+初中学历人数×9+高中和中专学历人数×12+大专及本科以上学历人数＊16)／6 岁以上人口总数

（2）数据来源

本节实证分析数据主要来源于《中国统计年鉴》、各省（直辖市、自治区）的统计年鉴、《中国人口与就业统计年鉴》以及 2.2 节测度结果数据。对变量进行描述性统计,结果如表 8 所示。

表 8 变量描述性统计

变量	符号	样本数	均值	标准差	最大值	最小值
建筑业升级指数	CU	300	0.258	0.122	0.648	0.034
信息化水平	IL	300	0.260	0.143	0.884	0.041
政府参与程度	GP	300	26.12	11.46	75.83	11.30
城镇化水平	UL	300	57.06	12.46	89.61	33.80
行业平均规模	AS	300	1.910	1.231	10.81	0.600
外商直接投资	FDI	300	9.150	12.99	69.40	0
金融发展水平	FD	300	3.136	1.139	8.131	1.528
人力资本存量	HR	300	9.083	0.930	12.78	6.764

3.2 模型构建

采用面板数据回归模型对30个地区建筑业升级与信息化之间的关系进行分析。为了消除量纲以及异方差影响,对面板数据进行对数化处理后,构建的面板模型如下:

$$\ln CU_{it} = \alpha + \beta_1 \ln IL_{it} + \beta_2 \ln GP_{it} + \beta_3 \ln UL_{it} + \beta_4 \ln AS_{it} + \beta_5 \ln FDI_{it} + \beta_6 \ln FD_{it} + \beta_7 \ln HR_{it} + u_i + \varepsilon_{it}$$

其中,$i=1,2,3,\cdots,30$,代表样本(地区)个数;$t=1,2,3,\cdots,10$,代表面板基期(年份);α 为截距项;u_i 为个体效应;ε_{it} 为随机扰动项。

3.3 回归结果与分析

(1)面板模型识别

在进行回归分析前,对数据进行单位根检验以避免出现"伪回归"现象。用 LLC 和 Fisher-PP 两种方法检验,结果显示 ln FD 变量存在单位根,因此,对变量进行一阶差分后再进行单位根检验,结果显示一阶差分平稳,可进行协整检验,协整检验结果表明在 Kao 检验和 Pedroni 检验中,8 个统计量有 6 个统计量拒绝原假设,因此认为各变量之间存在协整关系。因篇幅所限,以上检验过程省略。

为进一步确定面板模型是使用固定效应模型还是随机效应模型,本文接下来进行 Hausman 检验,检验结果显示 P 为 0.000 0,因此拒绝原假设,选择固定效应面板模型。

(2)面板数据固定效应回归结果及分析

表9、表10 分别为我国30个省(直辖市、自治区)全样本固定效应回归结果以及分地区(东部、中部、西部)回归结果。

表9 我国30个省(直辖市、自治区)全样本固定效应回归结果

ln CU	参数估计值	样本标准误差	t	收尾概率 P
ln IL	0.201 244 3	0.072 336	2.78	0.006
ln GP	0.237 487 9	0.085 595 1	2.77	0.006
ln UL	0.442 449 2	0.277 667 8	1.59	0.112
ln AS	0.093 479 3	0.047 434 6	1.97	0.050
ln FDI	−0.020 810 7	0.014 350 7	−1.45	0.148
ln FD	−0.408 080 2	0.068 130 6	−5.99	0.000
ln HR	0.121 190 3	0.270 423 4	0.45	0.654

续表

ln CU	参数估计值	样本标准误差	t	收尾概率 P
_cons	−3.534 983	1.482 377	−2.38	0.018
F	—	53.57	—	—
Prob > F	—	0.000 0	—	—

表 10 我国分地区(东部、中部、西部)固定效应回归结果

ln CU	东部		西部		中部	
	系数	t	系数	t	系数	t
ln IL	0.397 974 1***	2.51	0.427 054 4***	3.09	−0.059 418 3	−0.46
ln GP	0.237 360 9*	1.87	0.328 227 6*	1.95	−0.256 819 9	−1.35
ln UL	0.420 402 1	0.86	−1.235 458**	−2.13	1.180 963**	2.41
ln AS	0.065 5902	0.86	0.185 735 7*	1.87	0.268 817 8**	2.57
ln FDI	0.045 183 8	1.48	−0.002 114 7	−0.09	−0.041 191 9*	−1.86
ln FD	−0.690 564 3***	−6.47	−0.238 584 4*	−2.09	−0.161 030 1	−1.00
ln HR	−0.179 629 3	−0.37	−0.012 115 9	0.94	0.431 086 8	0.91
_cons	−2.057 845	−0.77	2.812 824	0.94	−6.264 206**	−2.36
F	54.85		34.32		21.93	
Prob > F	0.000 0		0.000 0		0.000 0	

注:***、**、*分别表示在1%、5%、10%的置信水平下显著。

①单要素分析。

从全国 30 个省(直辖市、自治区)的整体分析来看,解释变量信息化水平(ln IL)参数估计值为 0.201,这意味着信息化水平对建筑业升级具有正向影响,且信息化水平每增加一个单位,建筑业升级指数将增加 0.201 个单位。而从分地区的角度来看,信息化对三大区域建筑业升级的作用存在差异,信息化对东部和西部地区建筑业升级具有显著的正向推动作用,而对中部地区的建筑业升级影响不显著,这可能是三大区域信息化发展水平与建筑业升级的不匹配造成的。

其他控制变量中,政府参与程度(ln GP)对我国建筑业升级的影响总体来说具有正向促进作用,说明政府的财政支出对我国建筑业的扶持能够促使建筑业升级。从分地区的角度来看,政府参与程度对东部和西部地区的建筑业升级具有显著的正向

作用,而对中部地区则具有不显著的负向作用。城镇化(ln UL)对我国整体建筑业升级影响为正,但不显著。从分地区角度来看,城镇化对东部地区存在不显著的正向影响,对西部地区存在显著的负向影响,对中部地区存在显著的正向影响。行业平均规模(ln AS)对我国整体建筑业升级具有显著的正向影响。从分地区角度来看,行业平均规模对东部地区存在正向影响,但不显著,对西部和中部地区都存在显著的正向影响。外商直接投资(ln FDI)对我国整体建筑业升级影响不显著。而从分地区角度来看,外商直接投资对中部地区存在显著的负向影响,对东部和西部地区作用不显著。金融发展水平(ln FD)对我国整体建筑业升级存在显著的负向作用,对分地区来说,金融发展水平与三大地区建筑业升级均为负相关关系。人力资本存量(ln HR)无论是对我国整体建筑业升级还是对三大区域的建筑业升级,影响都不显著。

②要素间对比分析。

对于全国整体层面来说,金融发展水平(-0.408,括号内为参数估计值,后同)、政府参与程度(0.237)、信息化水平(0.201)、行业平均规模(0.093)对我国建筑业升级具有显著影响,且政府参与程度与信息化水平的正向推动作用最大。

从分地区层面来看,在10%的置信水平下,东部地区建筑业升级受金融发展水平(-0.691)的负向影响最大,受信息化水平(0.398)、政府参与程度(0.237)的正向影响较大;西部地区建筑业升级受城镇化(-1.235)的负向影响最大,受信息化水平(0.427)、政府参与程度(0.328)的正向影响较大;中部地区受城镇化(1.181)和行业平均规模(0.268)的正向影响较大。

4 结论及建议

本文构建信息化和建筑业升级评价指标体系并利用我国30个省(直辖市、自治区)2010—2019年面板数据进行测算,在此基础上利用面板数据固定效应回归模型对价值链视角下信息化对我国建筑业升级的影响进行了研究。研究结果表明,从整体上看,信息化对建筑业升级具有显著的正向促进作用;从分地区来看,信息化对三大地区影响情况存在差异,信息化对东部和西部地区建筑业升级具有显著的正向推动作用,而对中部地区的建筑业升级影响不显著;各控制变量对不同区域的影响具有差异性。因此,本文结合前文结果分析提出以下对策建议。

①进一步加强信息化对建筑业升级的支撑作用。

对全国整体来说,可从以下3个方面进行:第一,提升建筑业的信息化基础设施水平;第二,在新基建、智慧城市建设机遇背景下加快信息化与建筑业融合;第三,通过龙头企业带动作用培育建筑业信息化应用优质企业推进主体。

而对各地区而言,应根据不同地区的信息化发展特点,实施差异化战略。对经济发达、信息化水平高的东部地区,应着重提升创新能力,构建创新型智能建筑体系。对经济发展水平不高、信息化水平较低的中西部地区,应着重加大信息化建设,加强行业信息化成果的应用能力,积极吸收东部地区的研究成果。

②适当调整政府参与程度。

政府参与程度在整体上对建筑业升级具有促进作用,尤其是对我国东部和西部地区。第一,要完善协同推进机制。在充分尊重市场规律的前提下推进建筑领域各项改革创新,减少政府对资源的直接配置;同时,在建筑业发展中的监管、服务领域,要更好地发挥政府作用,提高行政效率,提供良好的行业发展环境。第二,要确立企业创新主体地位,企业是市场中最活跃、最庞大的主体,发挥好企业的创新主体地位有利于强化市场对建筑领域信息应用技术创新的导向作用。

③增加行业平均规模。

行业平均规模对我国建筑业升级总体上存在显著的正向促进作用,尤其是我国中部地区。因此,要鼓励、支持建筑业企业做大做强,但对于大型企业和中小型企业应一分为二地看待,一方面,对于实力强劲的大型企业,要突出"做大",即业务范围的扩大。对于这类优质的头部建筑业企业,应鼓励其拓展业务范围,向产业链上下游延伸,向价值链高端攀升。另一方面,对于实力较弱的中小型企业,不能一味追求"做大",而应强调"做强",即做到"专精特新"。对于这类体量不大,但主营业务突出、专业能力强、具有自身特色和发展潜力的中小型建筑业企业,应注重发挥自身独特优势,深耕优势领域,提供差异化建筑产品或服务,从而提高企业效益。

④加大建筑业发展的金融支持。

地区存贷款余额对建筑业升级具有显著的负向作用,无法发挥金融对建筑业发展的支持效应,尤其是对我国东部地区建筑业升级抑制作用较强,这可能是因为资金流向了其他更具吸引力的产业。对此,可从以下3个方面入手:首先,要积极发展、完善、支持建筑业发展的多元化金融服务体系。其次,要重视信贷结构优化与财政贴息、结构性减税等政策措施的衔接与配套落实,引导金融机构探索适合建筑业发展特点的贷款评估制度和金融工具组合,有效降低企业融资成本。最后,鼓励有条件的地区探索供应链金融在建筑业的应用,供应链金融把单个企业的不可控风险转变为供应链企业整体的可控风险,从而提高建筑业企业的融资成功率。

⑤推进新型城镇化和建筑业协同发展。

城镇化对我国中部地区建筑业升级具有重要的正向影响效应,而对西部地区则相反。城镇化推进过程中带来的资源聚集效应有效地推动了中部地区建筑业升级,而西部地区则应在推进城镇化的同时注重生态保护,坚持新型城镇化道路。新型城镇化在建设方针上更加强调节能集约,高效建设,同时注重生态环境保护,从而达到人与自然和谐发展。推进建筑业与新型城镇化协同发展,应着力推进建筑工业化发展,重点是加大装配式建筑的应用范围和应用水平,从而实现工程建设高效化、安全化、绿色化,推动建筑业转型升级。

参考文献

[1] 迈克尔·波特. 国家竞争优势[M]. 李明轩,邱如美,译. 北京:中信出版社,2007.

[2] 吴彦艳,丁志卿. 基于产业价值链视角的产业升级研究[J]. 科技管理研究,2009,29(6):376-378.

[3] 孙宝强. 产业结构调整与产业价值链升级问题探析[J]. 山东经济,2011,27(5):47-52.

[4] ARVANITIS S, LOUKIS E N, DIAMANTOPOULOU V. Are ICT, workplace organization and human capital relevant for innovation? A comparative study based on swiss and greek micro data [J]. SSRN Electronic Journal, 2013, 9073(2):1-31.

[5] PEREZ C. Technological Revolutions and Financial Capital: The Dynamics of Bubbles and Golden Ages[M]. Northampton: Edward Elgar Publ, 2003.

[6] 杜传忠,马武强. 信息化与我国产业结构的跨越式升级[J]. 山东社会科学,2003(4):68-70.

[7] 朱春红. 信息产业发展与产业结构升级的关联性研究[J]. 经济与管理研究,2005,26(9):67-69.

[8] 丰志培,张然,彭代银. "互联网+"与中药产业升级的协同融合研究[J]. 中草药,2018,49(24):5980-5984.

[9] 李赫龙,王富喜. 中国信息化水平测度及空间差异研究[J]. 情报科学,2015,33(11):95-99,139.

[10] 茶洪旺,左鹏飞. 信息化对中国产业结构升级影响分析:基于省级面板数据的空间计量研究[J]. 经济评论,2017(1):80-89.

[11] 卜炜玮,周伟,李婉婷. 基于因子分析法的省际建筑业发展相关性研究[J]. 土木工程与管理学报,2019,36(2):127-131,145.

[12] 杨承乾,熊华平,李木子.湖北省建筑业高质量发展评价研究[J].建筑经济,2020,41(12):15-20.

[13] 李红艳,杨德钦,陈丹,等.基于因子分析的建筑业细分产业竞争力评价[J].建筑经济,2016,37(11):28-31.

基金项目:无

作者简介:徐鹏鹏,重庆大学管理科学与房地产学院副教授　研究方向:可持续建设、建筑业转型升级。

唐柳,重庆大学管理科学与房地产学院硕士研究生　研究方向:建筑业转型升级。

基于多源数据的城市商业网点布局时空演变特征及影响因素研究

——以重庆市主城区为例

王　莹,周　滔

(重庆大学 管理科学与房地产学院,重庆 400044)

摘　要:商业网点是城市公共服务设施的重要组成部分,其合理的空间布局直接影响公共服务在空间上的均等化。本文基于 2016 年和 2019 年的重庆市主城区 4 类商业网点数据,综合运用空间分析和空间计量模型等方法,对重庆市主城区商业网点的时空变化和影响因素进行探讨,主要结论如下:①2016—2019 年重庆市主城区商业网点具有显著的空间正向集聚依赖性,但扩散程度和覆盖面不高;②不同类型的商业网点在不同时点的集聚程度不同,存在空间差异性特征;③商业网点的空间分布差异与基础设施、区位条件、消费者因素和城市开发建设因素的共同作用密不可分,但不同影响因素对不同类型的商业解释力度不同。为了促进商业网点的合理布局,应在城市规划、建设与管理方面采取综合措施。

关键词:城市商业网点;多源数据;时空演变;空间计量模型;重庆主城区

中图分类号:F293　　　　　　　　**文献标识码**:A

Spatial-temporal Evolution and Influencing Factors of Urban Commercial Network Layout Based on Multi-source Data:A Case Study of Chongqing

Wang Ying,Zhou Tao

(School of Management Science and Real Estate, Chongqing University, Chongqing 400044)

Abstract:Commercial network is an important part of urban public service facilities, and its reasonable spatial layout directly affects the equalization of public services in space. Based on the data of four types of commercial outlets in the main urban area of Chongqing in 2016 and 2019, this paper comprehensively uses spatial analysis and spatial econometric model to explore the temporal and spatial changes and influencing factors of commercial network in the main urban areas of Chongqing. The main conclusions are as follows：（1）there is a significant positive spatial agglomeration dependence of commercial outlets in the main urban areas of Chongqing from 2016 to 2019，but the degree of diffusion and coverage is not enough；（2）the agglomeration degree of different types of commercial outlets is different at different time and there are spatial differences；（3）the spatial distribution differences of commercial network are closely related to the joint action of infrastructure，location conditions，consumer factors and urban development and construction factors，but different influencing factors have different explanatory power for different types of business. In order to promote the rational distribution of commercial network，comprehensive measures should be taken in urban planning，construction and management.

Keywords：urban commercial network；multi-source data；spatial-temporal evolution；spatial econometric model；Main urban area of Chongqing

1 引 言

党的十九届五中全会提出了"十四五"时期要显著提升公共服务均等化水平。商业网点是城市公共服务设施的重要组成部分,其对城市发展、居民生活起着重要的作用。商业网点的空间分布状态直接影响公共服务在空间上的均等化,因此,研究城市商业网点的空间结构演化及其影响因素具有重要的理论意义和实践价值。

关于城市商业网点的研究有着较为丰富的文献,在城市空间维度,学者们主要在商业网点空间布局、区位特征、空间选择及影响因素[1-9]等方面展开了研究;在城市经济维度方面,学者们主要分析了商圈中心识别、经济集聚和商业空间的形成机制等[10-14];在城市建设维度方面,大部分研究集中于商业设施布局、规模等级及对城市空间结构的影响[15-18]。从研究方法来看,随着互联网数据挖掘技术的快速发展,越来越多的学者开始将传统数据与网络大数据相结合,利用 GIS 技术和代表真实地理实体的兴趣点（Point of Interest，POI）数据相结合进行热点识别[19]、商圈布局与业态选址[20]研究,空间统计分析方法和空间计量模型也极大地推动了大型超市[21-22]、体验型[23]及生活服务设施[24]等商业网点空间分布及测度相关影响因素研究的发展。

总之,学者们关于商业空间结构布局及其影响因素的研究结果颇丰,但目前研究大多是特定时间截面的静态研究,缺少不同时期的对比分析,基于多源数据的空间定量研究也不多。基于此,本文以重庆市主城区为研究对象,基于多源数据,利用多种空间分析方法探索 2016—2019 年重庆市主城区商业网点空间分布变化情况,并在此基础上引入空间计量模型对不同类型的商业网点分布影响因素进行探究。在完善城市公共服务供给的背景下,以期为商业网点规划建设和空间结构优化提供理论支撑。

2 数据与方法

2.1 研究区域

本文选择典型的多中心组团城市——重庆市主城区作为研究对象,包含沙坪坝区、江北区、渝中区、渝北区、南岸区、大渡口区、九龙坡区、北碚区、巴南区 9 个行政区。重庆市主城区内部基于"两江四山三槽谷"塑造的"一城五片多中心组团式"的空间格局,导致商业服务业的集聚发展产生空间异质性,因此,以重庆市主城区为研究对象具有一定的代表性和典型性。

2.2 研究方法

研究城市商业网点布局时空演变特征,主要从业态结构特征、集聚程度、空间分布变化等方面分析城市商业网点布局时空演变规律。首先,利用多样性指数和空间自相关分析判定整体商业是否存在不均衡性和空间集聚性,然后,选用区位基尼指数、核密度分析与最邻近指数剖析各商业业态在 2016—2019 年观测期内的空间集聚变化情况。

研究城市商业网点布局时空演变特征影响因素方面,经典的普通最小二乘线性回归模型由于不考虑空间因素的相互影响,对研究影响因素的结果存在局限性,因此考虑引入空间计量模型进行比较研究。

首先,在研究对象上,以 2 km×2 km 格网为研究单元,为减少无效格网的影响,将包含少于 50% 研究区域面积的格网删除,最终将研究区划分为 1 393 个正方形格网。

其次,选取相关指标,不同类型的商业网点空间分布和集聚热点存在一定的差异,随着城市结构的不断升级变化,影响商业变化的因素也会随着城市的发展变化而导致商业网点空间分布发生变化。从已有研究来看,林耿等人[25]认为城市商业业态空间形成与产业、用地、交通、行为和历史文化等紧密相关,李强等人[26]定性分析了消费者、企业自身、市场和城市发展因素对长春市大型超市空间演变过程及机理研究,杨秋彬等人[23]通过空间自相关模型探究了市场需求、交通条件、地价和商业集聚程度对上海市体验型商业空间格局分布的影响。

在参考以往研究成果的基础上,结合数据的可得性与实际情况,本文选取基础设施完善度、区位条件、消费因素、开发者因素和供给者因素5个维度共9个解释变量来研究引起重庆市各类商业网点空间分布不均衡演变的影响机制和潜在变化因素,以便更好地为商业网点空间布局提供相应的建议。除哑变量、建筑密度和道路密度,对其余变量数据做取对数处理,若网格内原始数据为零,则赋值仍为零,模型中涉及的因变量、各解释变量的符号及具体说明如表1所示。

表1　模型变量指标定义、来源及预期影响

因子变量	指标	符号	变量说明及来源	预期方向
因变量	商业网点数量	ln(Com-Num)	各网格 2019 年底整体、零售、餐饮、休闲娱乐、生活服务商业网点数量(个),GIS 叠加分析	—
基础设施完善度	公交站点数量	ln(Bus-stop)	各网格公交站点数量(个),GIS 叠加分析	正
	道路密度	Roa-Den	各网格道路长度除以网格面积,GIS 叠加分析	正
	有无重点学校/三甲医院	Com(Sch-Hos)	各网格有无重点学校/医院,哑变量,有 =1,无 =0,GIS 叠加分析	正
区位条件	距地铁站距离	ln(Dis-Sub)	各网格中心点距地铁站点的距离(m),GIS 邻近分析	负
	距商圈距离	ln(Dis-Business)	各网格中心点距商圈的距离(m),GIS 邻近分析	负
消费者因素	房价	ln(Hou-Price)	各网格内 2019 年二手房成交均价(元/m²),GIS 叠加分析	正
	人口数量	ln(Pop)	各网格人口数量(人),GIS 叠加分析	正
城市开发建设因素	建筑密度	Bui-Den	各网格建筑建筑面积除以网格面积,GIS 叠加分析	正
供给者因素	商圈能级	ln(Business-Level)	各网格内商圈能级,赋值为 1~5,根据商圈等级以及相关评估报告将其赋值后 GIS 叠加分析	正

最后构建模型,计算模型如下:

$$y = \rho W_1 y + \beta x + \mu + a, \mu = \lambda W_2 \mu + \varepsilon \tag{1}$$

式中,y 为因变量,即商业网点数量;x 为自变量,即 9 个影响因素;β 为自变量 x 的回归系数;a 为常数;μ 为随机误差项;ε 为服从均值为 0、方差为 δ^2 的随机误差;W_1、W_2 分别为因变量本身与残差的空间邻接矩阵;ρ 为空间滞后项 $W_1 y$ 的回归系数;λ 为空间残差项的回归系数。

当式中不同参数为 0 时,能形成 4 种空间回归模型,本文只考虑 3 种模型。当 $\rho = 0, \lambda = 0$ 时,为普通线性回归模型(Ordinary Linear Regression,OLR);当 $\rho \neq 0$,$\lambda = 0$ 时,为空间滞后模型(Spatial Lag Model,SLM);当 $\rho = 0, \lambda \neq 0$ 时,为空间误差模型(Spatial Error Model,SEM)。本次研究主要采用 Anselin 提出的拉格朗日倍数 LM 检验和稳健的 LM 检验原则来比较 3 种模型哪一种为更合适的回归模型。

2.3 数据来源

多源数据主要包含研究演变规律和影响因素两大类。研究演变规律的相关数据主要涉及各行政单元边界、河流水系、坡度与高程和 4 类商业网点 POI 数据等,研究影响因素的数据涉及公交站点、道路、重点学校、三甲医院、地铁站点、商圈、房价、人口和建筑物轮廓等,上述数据的来源及处理方式如表 2 所示。POI 数据精确显示商业网点的分布位置,其他多源数据弥补了统计年鉴的缺失,通过将数据连接至格网上面,进一步精确分析影响商业网点空间分布变化的影响因素。

表 2　数据来源

序号	数据类型	来源
1	各行政单元边界、河流水系	2015 年发布的国家基础地理信息数据
2	坡度与高程	地理空间数据云平台
3	4 类商业网点 POI 数据	爬取的高德地图平台 2016—2019 年 POI 数据筛选并清洗(爬取时间点分别为每年 6 月)
4	道路	OSM 开源街道路网数据清洗
5	地铁站点	重庆市轨道交通官网
6	建筑物轮廓	爬取的百度地图相关数据
7	公交站点、商圈、重点学校/三甲医院	POI 数据筛选

续表

序号	数据类型	来源
8	房价	爬取的"链家网重庆站"2019年二手房成交数据,数据字段包含小区名称、成交单价、地址、经纬度等维度
9	人口	美国实验室发布的LandScan全球人口动态统计1 km热力图栅格数据

3　重庆市主城区商业网点布局时空演变特征分析

从整体来看,本文将商业网点分为餐饮、零售、生活服务、休闲娱乐4种业态,选取2016年和2019年两个时点的数据对比来表征期间的变化情况,从数量变化来看(表3),2016—2019年重庆市主城区整体商业网点绝对增长量为4 944家,增长率为1.84%,其中餐饮与休闲娱乐业态数量减少,零售与生活服务业态数量增加,且休闲娱乐数量减少幅度较大,生活服务数量增长幅度较大。城市快速化发展进程中,消费者更加注重品质生活和便利程度,一站式体验型消费更受欢迎,大型、集中型商场成为主要的消费目的地,而分散于街边的商业网点则产生了结构性的变化,餐饮与休闲娱乐业态更多转化为生活服务类业态,因为后者提供的更多的是全时态、日常性的商业服务供给。

表3　重庆市主城区2016年与2019年商业网点数量对比

业态大类	本文代码	业态小类	2016年数量/个	2019年数量/个	增长量/个	增长率/%
餐饮	FB	中餐厅、外国餐厅、糕饼店、快餐厅、冷饮店等	79 464	76 214	-3 250	-4.09
零售	Retail	家居建材市场、超级市场、综合市场、便民商店、专卖店、药店等	121 479	129 781	8 302	6.83
休闲娱乐	Life	KTV、密室逃脱、网吧、茶楼、棋牌室、运动场馆、洗浴推拿等	22 368	18 319	-4 049	-18.10
生活服务	EN	美容美发、洗衣店、摄影冲印、通信营业厅、维修服务、养生馆等	44 698	48 639	3 941	8.82

业态大类	本文代码	业态小类	2016 年数量/个	2019 年数量/个	增长量/个	增长率/%
整体	All	包括上述餐饮、零售、休闲娱乐及生活服务业态	268 009	272 953	4 944	1.84

根据计算得出商业多样性指数,2016 年和 2019 年分别为 1.23 和 1.20,下降 0.03,说明各业态占比的不均衡性有所增加。利用全局空间自相关对 2016 年和 2019 年重庆市商业网点进行分析,得出 Moran's I 指数均为正值,分别为 0.629 和 0.640,且都通过了 1% 的显著性检验,说明商业设施呈现显著的空间集聚特征。

从分业态类型来看,根据区位基尼指数的计算结果(表 4),2016—2019 年各业态的均衡程度具有相似性,均为显著性集聚。从时间线变化来看,2019 年相较于 2016 年各业态区位基尼指数下降,区位均衡性增加,从侧面反映出各类商业网点在显著集聚的状态下出现了向外扩散溢出的效应。

表 4　区位基尼指数计算结果

年份/年	整体网点	零售网点	餐饮网点	生活服务网点	休闲娱乐网点
2016	0.932 6	0.935 4	0.935 6	0.931 2	0.936 8
2019	0.916 8	0.920 0	0.921 5	0.907 9	0.921 6

其次,对整体、零售、餐饮、生活服务、休闲娱乐 5 类业态进行核密度分析,搜索半径设置为 1 500 m,像元大小 50,得到各类商业网点时空分布特征,如图 1 所示。重庆市整体和各业态商业网点在 2016 年空间分布差别不大,其热点区域主要集中在内环观音桥、华新街、解放碑、石油路、天星街、谢家湾和南坪街道等附近,次要集中在外环巴南鱼洞,渝北双龙湖、双凤桥、回兴和北碚天生街道等附近,大致形成"多中心、环两江"的发展态势。一方面,由于两江的阻隔,五大传统商圈所具备的优越的区位与良好的交通通达性不断推动商业集聚区的形成;另一方面,随着消费者需求的不断提高,商业网点的发展也朝着体验式、一体化、精准服务拓宽,因此也推动着商业空间的不断变化。

从变化情况来看,重庆市各类商业网点热点分布并没有出现较大的区域变化,均体现为内环中心区域更加集聚且融合发展,两江周边的汇集度更高,外环商业覆盖面更加扩散,在中心区域不断集聚的态势下逐步向北、向西外溢发展。但各业态主要的外溢变化在空间上是不均衡的,即空间热点变化分布不同,如零售网点的变化主要体现在北碚蔡家、江北鱼嘴与巴南鱼洞首次出现热点集聚,沙坪坝虎溪、曾家、陈家桥进一步融合发展集聚,北碚天生、渝北回兴、南岸长生桥、九龙坡中梁山和西彭集聚程度逐渐加强;餐饮网点则较多地体现在核心区域,石桥铺集聚程度相对减弱,沙坪坝虎溪集聚显著增强,龙兴、复盛、鱼嘴等地也逐步出现餐饮布局态势;生活服务和休闲娱乐网点分布变化则主要体现在核心区融合带动周边网点发展的作用显著,而向外扩散和外溢的带动作用不如餐饮和零售。

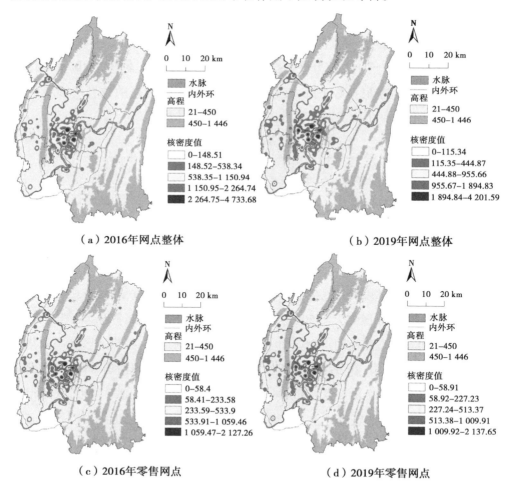

（a）2016年网点整体   （b）2019年网点整体

（c）2016年零售网点   （d）2019年零售网点

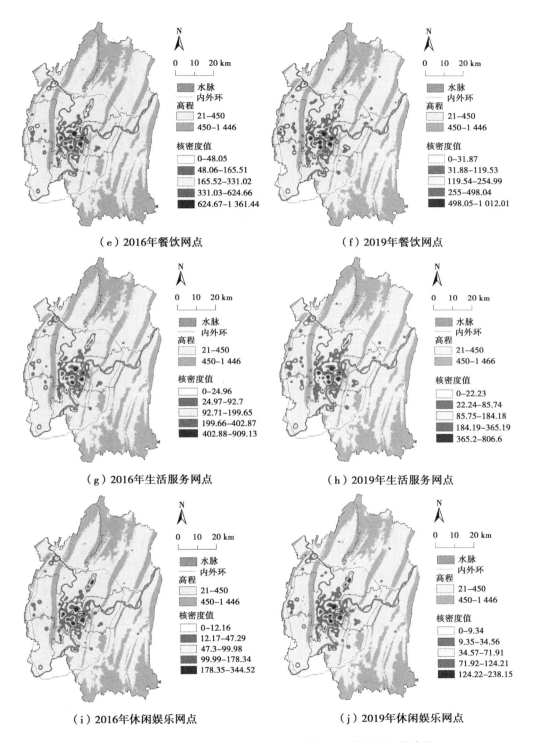

（e）2016年餐饮网点 　　　　　　（f）2019年餐饮网点

（g）2016年生活服务网点 　　　　　（h）2019年生活服务网点

（i）2016年休闲娱乐网点 　　　　　（j）2019年休闲娱乐网点

图1　2016年、2019年重庆市主城区5类商业网点核密度估计图

最后,采用最邻近指数对2016—2019年不同类型的商业网点空间分布的集聚特征进行检验(表5)。从横向看,在2016年与2019年年底,整体与各类型商业网点的最邻近指数 R 值均小于1,且通过1%的显著性检验,表明其空间分布均呈现出显著的集聚分布特征。从分业态看,不同类型的商业网点集聚分布特征存在差异。在各观测时点,重庆市零售、餐饮、生活服务、休闲娱乐网点的空间分布的集聚特征依次降低,实际平均观测距离依次增加,由于餐饮与零售业态同人们的"一日三餐"和"日常需求"紧密相联,因此形成集聚经济以适应稳定且多样化的市场需求;休闲娱乐网点的实际平均观测距离较大,集聚程度不如零售和餐饮强,空间分布也相对更均衡一些。从纵向来看,2019年整体、餐饮、零售和休闲娱乐的最邻近指数和平均观测距离相较于2016年有所增加,集聚程度稍稍减弱,商业网点空间分布呈现扩散变化和向外的特征;生活服务的最邻近指数稍稍下降,集聚程度有所增加。

表5 2016年与2019年最邻近指数分析结果

	业态	整体网点	零售网点	餐饮网点	生活服务网点	休闲娱乐网点
2016年	平均观测距离/m	10.276	13.617	18.207	29.488	55.145
	期望观测距离/m	79.390	117.921	145.802	194.403	274.779
	R	0.129	0.115	0.125	0.152	0.201
	P	0.000	0.000	0.000	0.000	0.000
	集聚程度	显著集聚	显著集聚	显著集聚	显著集聚	显著集聚
2019年	平均观测距离/m	11.038	15.169	19.243	28.107	76.495
	期望观测距离/m	78.665	114.086	148.869	186.363	303.556
	R	0.140	0.133	0.129	0.151	0.252
	P	0.000	0.000	0.000	0.000	0.000
	集聚程度	显著集聚	显著集聚	显著集聚	显著集聚	显著集聚

4 重庆市商业网点空间分布变化影响因素分析

4.1 回归模型检验

首先,借助 SPSS 和 Open GeoDa 对因变量与自变量分别进行多重共线性和异方差检验,结果显示,各变量的 VIF 值均小于 10,说明各变量之间具有较好的相互独立性;在所有模型中,Breusch-Pagan 检验概率值均小于 1%,表明在 1% 的显著性水平下所有模型均存在异方差,因此直接使用 OLS 进行估计是不准确的。

其次,利用 Geoda 软件对回归模型的残差进行空间依赖性诊断,空间权重矩阵采用一阶 Rook 邻接矩阵。结果显示(表 6),在整体、餐饮、零售、生活服务类网点模型中,LM-Lag 及 LM-Error 均显著,但 Robust LM-Error 显著,而 Robust LM-Lag 不显著,因此,整体、餐饮、零售、生活服务类网点模型应选择空间误差模型。在休闲娱乐类网点模型中,LM 及 Robust LM 检验均通过了 1% 的显著检验,但 Robust LM-Error 的 P 为 0.000 05,而 Robust LM-Lag 的 P 为 0.000 17,因此空间误差模型更为显著。总之,根据检验准则,5 个模型都应选择空间误差模型(SEM)来达到强有力的解释效果。

表 6 OLS 残差的空间依赖性诊断

模型	整体模型	餐饮网点模型	零售网点模型	生活服务网点模型	休闲娱乐网点模型
Moran's I (error)	6.786 4***	5.325 3***	6.755 6***	7.738 5***	10.937 4***
LM-Lag	23.495 5***	17.313***	23.921 1***	30.412 7***	108.754 7***
Robust LM-Lag	0.331 5	1.509 3	0.468 3	0.731 2	14.108 4***
LM-Error	41.559 6***	25.031 4***	41.169 1***	54.574 0***	111.258 7***
Robust LM-Error	18.395 6***	9.227 7***	17.716 3***	24.892 4***	16.612 4***
Lagrange Multiplier (SARMA)	41.891 2***	26.540 7***	41.637 4***	55.305 2***	125.367 2***

注:*、**、*** 分别表示 $P<0.1$、$P<0.05$、$P<0.01$ 的显著性水平(下同)。

最后,根据对数似然值(Log likelihood)、赤池信息准则(AIC)和施瓦茨信息准则(SC)比较 SEM 模型和 OLS 模型的拟合优度,其中,Log L 值越大,AIC 值和 SC 值越小,表示拟合结果越好。结果显示,5 个空间误差模型的 Log L 值最大,AIC 值和 SC 值最小,说明 SEM 模型的拟合程度优于 OLS 经典回归模型,引入空间效应明显增强了模型解释力,SEM 模型结果如表 7 所示。

表7　空间误差模型结果

模型	整体模型	餐饮网点模型	零售网点模型	生活服务网点模型	休闲娱乐网点模型
LAMBDA	0.289***	0.230***	0.284***	0.316***	0.417***
	(0.000)	(0.000)	(0.000)	(0.000)	(0.000)
CONSTANT	1.110	1.277**	−0.035	0.485	2.487***
	(0.189)	(0.041)	(0.965)	(0.442)	(0.000)
ln(Bus−stop)	0.503***	0.345***	0.440***	0.353***	0.256***
	(0.000)	(0.000)	(0.000)	(0.000)	(0.000)
Roa−Den	0.058***	0.021	0.032*	0.022*	0.035***
	(0.001)	(0.127)	0.058	(0.092)	(0.004)
Com(SchHos)	0.694***	0.996***	0.809***	0.997***	1.098***
	(0.000)	(0.000)	(0.000)	(0.000)	(0.000)
ln(Dis−Sub)	−0.138**	−0.097**	−0.076	−0.071	−0.091**
	(0.029)	(0.039)	(0.195)	(0.129)	(0.050)
ln(Dis−Business)	−0.191**	−0.163***	−0.138*	−0.127**	−0.216***
	(0.024)	(0.008)	(0.078)	(0.045)	(0.001)
ln(Hou−Price)	0.053***	0.067***	0.057***	0.073***	0.046***
	(0.000)	(0.000)	(0.000)	(0.000)	(0.000)
ln(Pop)	0.266***	0.155***	0.272***	0.175***	0.043**
	(0.000)	(0.000)	(0.000)	(0.000)	(0.042)
Bui−Den	0.179***	0.168***	0.169***	0.134***	0.081***
	(0.000)	(0.000)	(0.000)	(0.000)	(0.000)
ln(Business−Level)	0.032	−0.292***	−0.240*	−0.284***	−0.104
	(0.811)	(0.003)	(0.054)	(0.005)	(0.296)

注:()内为Z值对应的概率值。

4.2　回归结果分析

从整体网点模型来看,除商圈能级对商业分布影响不显著外,其余因素均通过了显著性检验,且均在99%和95%的置信度下对商业空间分布具备较强的正向解释性。从分业态模型来看,餐饮类网点模型中除道路密度因素不显著外,其余因素均有较高的解释力;零售类网点模型中距地铁站点的距离因素不显著,道路密度、距高能级商圈的距离和商圈能级 3 个因素通过了 10% 的显著性检验,其余因素均通过了 1% 的显著性检验;生活服务类网点模型中只有距地铁站的距离未通过显著性检验,其余因素均通过了显著性检验;休闲娱乐类网点模型与整体网点模型类似,除商圈能级未通过显著性检验外,其余因素均具备较高的解释力。

对比各模型的结果可以看出,公交站点数量、有无重点学校或三甲医院、房价、距高能级商圈的距离人口、建筑密度对 5 种商业网点模型的商业空间分布均具备较高的解释力;人口数量对零售类网点模型的解释力(0.272)明显强于其他项;距高能级商圈的距离对休闲娱乐类网点模型的空间分布(0.216)具有较高的解释力;道路密度对餐饮类网点作用不显著,在零售和生活服务类网点模型中通过了 10% 的显著性检验,在整体和休闲类网点模型中通过了 1% 的显著性检验;距地铁站距离在零售和生活服务类网点模型中未通过显著性检验,在其余网点类模型中均通过了 5% 的显著性检验;商圈能级对休闲娱乐类网点模型作用不明显,对其他网点模型具有一定的解释力。同时,进行预期对比可知,商圈能级对餐饮、零售和生活服务类网点模型的影响与预期相反,结果呈现负向影响。

4.3 对于结果的讨论

从表 7 可以看出,在任何商业业态模型中,λ 始终为正值且显著,说明模型误差有较强的空间依赖;同时在进行空间依赖性诊断时发现,5 个 SLM 模型中因变量商业网点数量的回归系数 ρ 始终为正值且显著,说明各网格商业网点的数量受到邻近网格商业网点数量的显著正影响。

从整体模型来看:①公交站点、重点学校或三甲医院变量等公共服务设施带来的客流能够显著促进整体商业网点数量的分布,道路越密集的地方交通通达性越好,有利于商业网点的发展。②距地铁站和高能级商圈的距离与预期一致,呈负向影响和距离衰减特征,二者能稳定、持续地为商业网点带来大量潜在客源。③一个区域的房价能间接反映周边居民的购买力,因此,较高的房价与周边商业网点的数量呈正相关。④从城市建设来看,建筑密度越高越能使用地集约化与综合化,由此促进产住融合,例如,居住办公等功能进一步整合完善,易形成活跃的商业氛围,由此带动和影响商业网点的进一步发展。

从分业态模型来看:①与其他研究不同的是[27],道路密度仅在餐饮类网点模型中不显著,而在其他模型中较为显著,可能是由于近几年餐饮业的经营模式有一定的创新,美食街、特色餐饮街区等餐饮业集聚类型使得传统的匹配人口分布的餐饮网点格局发生了较大的变化。②零售对人口条件极为敏感,无论是便利店、超市还是大型购物中心,客流量都是决定其收益的关键要素,因此,人口对零售的影响比对其他业态类型的影响更大。③休闲娱乐通常直接关联购物出行,一站式消费理念正慢慢地改变人们的生活方式,因此消费者往往选择在丰富多样的大型商圈附近进行休闲娱乐。④越靠近地铁站的空间位置商业价值越高,零售网点往往能够承受较高的地租,休闲娱乐大多依附于大型商圈,而商圈布局主要看重距地铁站的距离[28],因此,距地铁站距离成了一个很关键的因素;而餐饮和生活服务类网点则主要满足人们的日常需求,其更侧重于便利性和快捷性,距地铁站点距离反而不具备较强的解释力。⑤部分研究表明,商圈带来的集聚效应[29]使周边商业数量显著增加,本文的研究结果表明,一方面,既有商圈会在一定程度产生极化效应,导致周边商业的发展受到影响;另一方面,随着城市的逐渐外扩,距离核心商圈较远的区域受到原有商圈的影响较小,因此对这类区域商业网点分布变化作用不明显。

5　结论与建议

本文以重庆市主城区商业网点为例,利用多源数据和定性定量分析方法对2016年和2019年不同类型商业网点的空间分布结构特征和影响因素进行分析研究,具体结论如下。

①从整体变化情况来看,观测期内商业网点整体空间分布格局与重庆市城市发展方向基本一致,商业网点具有显著的空间正向集聚依赖性,但扩散程度和覆盖面不高。

②从分业态变化情况来看,2016年和2019年不同时点的商业网点在不同区域的集聚程度不同,存在空间差异性特征。2019年较2016年各业态的区位均衡性增加;餐饮、零售和休闲娱乐的集聚程度稍有减弱,生活服务的集聚程度有所增加,但不同业态的空间变化热点不同。

③重庆市主城区商业网点的空间分布特征与基础设施、区位条件、消费者因素和城市开发建设因素的共同作用密不可分;道路密度因素仅对餐饮类网点不产生显著影响;商圈能级对餐饮、零售和生活服务类网点的解释与预期方向相反,呈负向影响,对休闲娱乐类网点影响不显著;人口数量对零售类网点的作用效果显著强于其他类型网点,距高能级商圈的距离对休闲娱乐类网点的空间分布具有较高的解释力;距地铁站距离对零售和休闲娱乐类网点具有显著影响,但对餐饮和生活类网点作用效果不明显。

为了提高公共服务均等化水平,满足广大人民群众日益增长的美好生活需要,首先应做好基础设施和城市建设,不仅要进一步完善交通设施配置,还需结合现状挖掘新区潜力,提前规划、布局公共服务设施,缓解中心城区压力;其次,规划时应注意合理匹配各种功能结构,不仅要防止大型商圈扎堆聚集,对小型商业网点产生虹吸效应,还要针对不同类型商业网点的性质进行合理布局,例如,餐饮与生活网点等便利性公务服务设施,应根据人口数量和消费饱和度均衡配置;最后,采取多种措施促进商业网点的良性发展,避免恶性竞争,例如,有序疏导老城区商业,对不均衡地区实行有效的土地和税收支持政策,真正做到公共服务设施均衡化配置。

参考文献

[1] GHOSH A, CRAIG C S. A location allocation model for facility planning in a competitive environment[J]. Geographical Analysis, 1984,16(1):39-51.

[2] YAN R N, ECKMAN M. Are lifestylecentres unique? Consumers' perceptions across locations [J]. International Journal of Retail & Distribution Management, 2009,37(1):24-42.

[3] BLACK W, DAWSON J A. Retail Geography[J]. Economic Geography, 1982, 58(3):303-304.

[4] 宁越敏.上海市区商业中心区位的探讨[J].地理学报,1984,39(2):163-172.

[5] 吴郁文,谢彬,骆慈广,等.广州市城区零售商业企业区位布局的探讨[J].地理科学,1988,8(3):208-217,295.

[6] 杨吾扬.北京市零售商业与服务业中心和网点的过去、现在和未来[J].地理学报,1994,49(1):9-17.

[7] 许学强,周素红,林耿.广州市大型零售商店布局分析[J].城市规划,2002,26(7):23-28.

[8] 张珣,钟耳顺,张小虎,等.2004—2008年北京城区商业网点空间分布与集聚特征[J].地理科学进展,2013,32(8):1207-1215.

[9] 王士君,浩飞龙,姜丽丽.长春市大型商业网点的区位特征及其影响因素[J].地理学报,2015,70(6):893-905.

[10] HUFF D L. A proabilistic analysis of shopping center trade areas[J]. Land Economics,1963,39(1):81-90.

[11] 王德,张晋庆.上海市消费者出行特征与商业空间结构分析[J].城市规划,2001,25(10):6-14.

[12] DRENNAN M P, KELLY H F. Measuring urban agglomeration economies with office rents[J]. Journal of Economic Geography, 2011, 11(3): 481-507.

[13] 何永达,赵志田.我国零售业空间分布特征及动力机制的实证分析[J].经济地理,2012,32(10):77-82.

[14] 浩飞龙,王士君.长春市零售商业空间分布特征及形成机理[J].地理科学,2016,36(6):855-862.

[15] 朱枫,宋小冬.基于GIS的大型百货零售商业设施布局分析:以上海浦东新区为例[J].武

汉大学学报(工学版),2003,36(3):46-52.

[16] 仵宗卿,柴彦威,戴学珍,等.购物出行空间的等级结构研究:以天津市为例[J].地理研究,2001,20(4):479-488.

[17] 宁越敏,黄胜利.上海市区商业中心的等级体系及其变迁特征[J].地域研究与开发,2005,24(2):15-19.

[18] 张小英,巫细波.广州购物中心时空演变及对城市商业空间结构的影响研究[J].地理科学,2016,36(2):231-238.

[19] 薛冰,肖骁,李京忠,等.基于POI大数据的城市零售业空间热点分析:以辽宁省沈阳市为例[J].经济地理,2018,38(5):36-43.

[20] 陈蔚珊,柳林,梁育填.基于POI数据的广州零售商业中心热点识别与业态集聚特征分析[J].地理研究,2016,35(4):703-716.

[21] 肖琛,陈雯,袁丰,等.大城市内部连锁超市空间分布格局及其区位选择:以南京市苏果超市为例[J].地理研究,2013,32(3):465-475.

[22] 王帅,陈忠暖,黄方方.广州市连锁超市空间分布及其影响因素[J].经济地理,2015,35(11):85-93.

[23] 杨秋彬,何丹,高鹏.上海市体验型商业空间格局及其影响因素[J].城市问题,2018(3):34-41.

[24] 孙宗耀,翟秀娟,孙希华,等.基于POI数据的生活设施空间分布及配套情况研究:以济南市内五区为例[J].地理信息世界,2017,24(1):65-70.

[25] 林耿,许学强.广州市商业业态空间形成机理[J].地理学报,2004,59(5):754-762.

[26] 李强,王士君,梅林.长春市中心城区大型超市空间演变过程及机理研究[J].地理科学,2013,33(5):553-561.

[27] 陈洪星,杨德刚,李江月,等.大数据视角下的商业中心和热点区分布特征及其影响因素分析:以乌鲁木齐主城区为例[J].地理科学进展,2020,39(5):738-750

[28] 刘宇鹏,宫同伟.基于开放数据的轨交站区商业网点空间布局:以天津市地铁1号线为例[J].天津城建大学学报,2018,24(4):239-246.

[29] 曾国军,陆汝瑞.跨国饮食企业的空间分布及其影响因素:星巴克在广州[J].人文地理,2017,32(6):47-55.

基金项目:国家自然科学基金项目(71673285)资助。

通信地址:重庆市沙坪坝区沙正街174号;联系电话:15023139891。

作者简介:王莹(1997—　),女,四川达州人,硕士在读研究生,主要从事城市空间经济研究。E-mail:wy15023139891@163.com。

周滔(1978—　),男,河南南阳人,教授,博士,主要从事城市空间经济研究。E-mail:taozhou@cqu.edu.cn。

大数据在我国城市可持续发展中应用的研究综述

——基于文献计量学和信息可视化的方法

申立银,吴莹,张羽,舒天衡,何虹熳,孟聪会

(重庆大学 管理科学与房地产学院,重庆 400044)

摘 要:通过对 2010—2019 年知网、万方、维普核心数据库中的 9 588 篇学术论文进行检索分析、词频分析、叠加可视化分析,系统剖析我国学术界关于大数据应用在我国城市可持续发展中的知识结构、重点和前沿趋势。结果显示,大数据应用在我国城市可持续发展中的研究起步较晚,但是近几年不断地提升。研究重点主要体现在社会、经济和环境维度下的 12 个范畴,包括公共交通、公共服务、应急管理、公共安全等领域。研究趋势主要集中在新兴技术融合、数字化技术发展、智慧城市转型、多维数据挖掘、信息生态平衡五大领域。

关键词:大数据;城市可持续发展;文献计量学;信息可视化;研究进展

中图分类号:C931　　　　　　**文献标识码**:A

Research Summary of Big Data Application in Urban Sustainable Development in China

——Methods based on bibliometrics and information visualization

SHEN Liyin, WU Ying, ZHANG Yu, SHU Tianheng, HE Hongman, MENG Conghui

(School of Management Science and Real Estate, Chongqing University, Chongqing 400044)

Abstract: With the continuous development of big data, it is more and more widely used in all walks of life, especially in promoting urban sustainable development. Through the retrieval analysis, word frequency analysis and overlay visualization analysis of 9588 academic papers in the core databases of CNKI, Wanfang and VIP from 2010 to

2019, this paper systematically analyzes the knowledge structure, key points and frontier trend of big data application in China's urban sustainable development. The results show that: the research of big data application in urban sustainable development in China started late, but it has been improving in recent years. The research focus is mainly embodied in 12 categories of social, economic and environmental dimensions, including public transport, public services, emergency management, public safety and other fields. Research trends are mainly concentrated in five areas: emerging technology integration, digital technology development, smart city transformation, multi-dimensional data mining, and information ecological balance.

Keywords：Big Data；Urban Sustainable Development；Bibliometric；Information Visualization；Research Progress

1　引　言

20 世纪 80 年代,阿尔文·托夫勒在《第三次浪潮》中首次提出了"大数据"的概念[1]。2011 年,麦肯锡公司发布的大数据分析报告指出,大数据具有巨大的潜在价值[2]。从此,"大数据时代"[3]"大数据技术"[4]"大数据分析"[5]等概念相继流行,人类逐渐进入基于大数据的新科技时代。目前,大数据已渗透经济、政治、社会等各种领域,包括军事安全、网络安全、商业服务、电子商务、政府决策以及舆论分析等。特别是,一些学者发现大数据可以帮助采集和管理城市运行中的大量数据资源,解决城市职能部门间的"信息孤岛"现象。因此,大数据被越来越有效地应用于城市管理领域。Angelidou 提出把大数据分析、数据库集成、无线技术和网络、决策支持系统等技术应用于多样化的城市领域,例如交通、旅游、人力、能源、公共服务等方面,从而提高城市的管理效率[6]。Ahvenniemi 等人提出智慧城市在促进城市可持续发展方面具有巨大的潜力,通过运用大数据和信息通信技术可以帮助实现可持续发展城市的目标[7]。Al Nuaimi 等人认为把通信技术和城市规划结合起来可以打造更持续、更宜居和更有吸引力的城市[8]。Bibri 等人认为大数据分析在城市可持续发展中的应用广泛,几乎能够涵盖所有的城市领域,包括医疗保健、教育和远程办公、能源环境、水和废物管理、交通和基础设施管理等领域[9]。

虽然以大数据技术促进城市可持续发展由来已久,但是目前大数据在城市可持续发展中应用不平衡、不充分,无法全面、均衡、有效地促进城市各个领域的发展,不仅浪费了大量的人力、物力和时间资源,而且没有取得提升城市治理的效果,因此需要对大数据在城市可持续发展中的应用进行综述,以更好地指导实践。同时,现有的研究集中于大数据在城市交通、空间规划、公共管理等特定领域的应用,而缺少对大数据在城市可持续发展中的系统性综述。基于此背景,本文结合城市可持续发展的要素去认识目前有关大数据应用的研究状态,旨在帮助明确大数据理论指导城市可持续发展中的重点及趋势。

2 研究方法与数据来源

本文采用文献计量学和信息可视化的方法分析大数据应用在城市可持续发展中的研究进展。文献计量学是一门集合统计学、文献学和数学的交叉性学科,应用于城市更新[10]、生态城市[11]、智慧城市[12]、雨洪管理[13]、土地储备[14]等城市治理领域。文献计量和分析可以刻画学科的结构、特点和发展规律,进行科技成果和人才评价,开展科学预测等[15]。另一方面,信息可视化方法是借助图形图像软件对非数值资源的可视化表达。本文采用的两种信息可视化工具包括VOSviewer和词云图。其中,VOSviewer是一款用来展现文献中不同知识单元间的共现关系,进而表征各个学科主题关联性的知识图谱软件。目前VOSviewer在文献计量领域获得了更广泛的应用,通过分析文献中期刊、学科、关键词、作者等的共现关系,构建相应的关系网络,生成相关的可视化地图[16]。词云图工具作为一种信息可视化技术,被用来直观展示词频的大小,反映词组的重要性和差异,目前被应用于情感可视化分析[17]、文本挖掘[18]、数据特征挖掘[19]等领域。

本文的样本数据来源于2010—2019年知网数据库(简称数据库Ⅰ)、万方数据库(简称数据库Ⅱ)、维普数据库(简称数据库Ⅲ)中的CSSCI期刊、北大核心期刊、CSCD期刊以及质量较高的博士论文。由于目前以"大数据应用在城市可持续发展"为主题的学术论文数量有限,为了增大样本的数量集,本研究用"大数据""城市""可持续发展"和"信息技术"4个主题词构造了4种不同的检索策略:组合策略A以"城市 AND 可持续发展"为主题词进行检索,反映了城市可持续发展领域的研究视角;组合策略B以"城市 AND 大数据"为主题词进行检索,反映了城市大数据领域的研究视角;组合策略C以"大数据 AND 信息技术"为主题词进行检索,反映了与大数据相关的信息技术领域的研究视角;组合策略D以"大数据 AND 城市 AND 可持续发展"为主题词进行检索,反映了基于大数据背景的城市可持续发展领域的研究视角。通过人工筛选,剔除重复、与主题无关的文献以及非学术性论文。本文数据库的检索时间为 2020 年 2 月 25 日,检索结果是,组合策略 A 论文数量为 5 872 篇;组合策略 B 的论文数量为 1 948 篇;组合策略 C 的论文数量为 1 733 篇;组合策略 D 的论文数量为 35 篇;共计 9 588 篇。

3　数据分析

3.1　检索文献时间分布

4 种检索策略的期刊论文数量时间分布如图 1 所示。

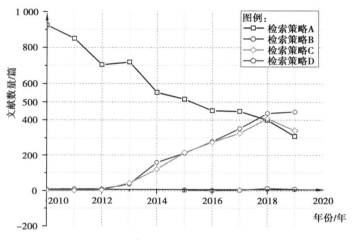

图 1　采用不同检索策略得到的文献数量时间分布图

图 1 表明,2017 年前,通过检索策略 A 得到的文献数量明显高于其他检索视角得到的文献数量。2017 年后,通过检索策略 A 得到的文献数量被通过检索策略 B 和检索策略 C 得到的文献数量反超,这意味着城市可持续发展理念已趋于成熟,其研究热度在逐渐消退,而大数据成了新的研究重点。1980 年,联合国环境与发展委员会第一次提出"可持续发展"的概念[20],目前城市可持续发展面临着严峻的挑战,其所倡导的人与资源环境的和谐共生、追求发展质量的理念得到了全世界的认同,因此有关城市可持续发展的研究在相当的一段时间内保持着较高的研究热度。相反,虽然大数据自 2011 年麦肯锡发布大数据报告之后才流行起来,但这一领域一出现就成为全球关注的热点。这是因为大数据应用在城市管理中蕴藏着巨大的商业、科研、社会价值,可以提高业务敏捷性,能更方便快捷地支持决策、改善业务、创新服务,可以被政府治理、能源勘探、生物科学等各行各业应用[21]。因此,有关大数据在城市层面上的应用研究在近年来得到了不断的提升。

采用检索策略 D 得到的文献是在 2015 年才开始出现,这说明了关于大数据如何提升城市可持续发展的研究直到近几年来才得到重视。这也表明大数据的研究还处于大数据应用的概念和一般特征研究阶段,而缺少大数据在城市可持续发展中的应用机理研究。事实上,我国城市的可持续发展受到了城市化进程所带来的各种"城市病"的严重威胁和挑战,而上述文献检索的结果分析表明,城市可持续发展所面临的威胁和挑战还没系统地纳入大数据研究内容中。这些典型问题包括:交通拥堵、基础设施不足、住房困难、贫富差距加大、产业结构不合理、地方政府出现财政赤字、环境污染、资源短缺、生态系统衰退、水土流失加剧、生物多样化减少等[22]。

3.2　高频关键词词频统计

上述 4 种检索策略所收集的 9 588 篇文献为数据来源,首先利用 Vosviewer 软件进行关键词词频统计,并剔除地名、期刊名、无实义的名词术语等与研究主题无关词汇。根据齐普夫第二定律[23]确定高频关键词与低频关键词,得到检索策略 A 的关键词共 10 122 个,其中高频关键词有 142 个;检索策略 B 的关键词共 3 857 个,其中高频关键词有 87 个;检索策略 C 的关键词共 4 237 个,其中高频关键词有 92 个;检索策略 D 的高频关键词共 115 个,其中高频关键词有 15 个。在此基础上生成词云图,以此获得各个检索策略下的主题词分布,分布结果如图 2 所示。在图 2 中,关键词越靠近图形中心,字体越大,则表明关键词出现的频率越高。

检索策略 A:城市可持续发展视角

检索策略 B:城市大数据视角

检索策略 C:大数据等信息技术视角　　检索策略 D:基于大数据背景的城市可持续发展视角

图 2　采用不同检索策略得到的高频关键词云图

由此可知,基于检索策略 A 的检索结果,得到典型的研究题目包括"城镇化""新型城镇化""经济转型""城市更新"等方面。其中,新型城镇化是我国城镇化发展的方向,更注重城镇化的质量和水平,并谋求经济、社会、环境等方面的可持续发展[24]。城市更新是城市可持续发展的重要手段,包括"生态城市""绿色城市""低碳城市"和"海绵城市"等城市形态。"经济转型"是保证城市可持续发展的调节措施,主要包括"循环经济""绿色经济""生态经济"和"低碳经济"等形式。

基于检索策略 B 的检索结果,揭示了大数据在城市中的应用热点包括"智慧城市""数字城市""智慧治理""电子政务""智能交通"等城市管理的相关内容。目前,城市发展暴露出许多问题,与这些热点密切相关,数字城市和新型智慧城市是解决这些问题的新的发展模式。特别地,大数据是驱动城市由网络化、数字化向智能化、智慧化转型的核心动力。

基于检索策略 C 的检索结果得到的典型研究方向是"物联网""云计算""互联网+""人工智能""数据挖掘""数据开放"等方向。从检索图 2 中可以看出,这些研究重点从 2010 年才出现,在未来相当长的一段时间内都将保持较高的研究热度。

基于检索策略 D 的检索结果包括"智慧城市""生态环境""产业结构""人口规模"等方面,虽然覆盖了社会、经济、环境 3 个维度,但是仅有零星文献分布,结合检索图 1 得出检索策略 D 的相关文献自 2015 年才出现,大数据在城市可持续发展中的研究尚处于起步阶段,仍有较大的研究价值。

3.3 高频关键词时间分布

本文应用第 1 节描述的研究数据,运用叠加可视化分析方法,产生了 4 种检索策略下关键词的时间分布图(图3)。叠加可视化分析方法是通过把关键词与其出现的时间相叠加,产生关键词趋势图,从而揭示研究趋势。在图 3 中,每一个圆点的大小与关键词出现的频率有关,颜色越深表示关键词出现的平均年份越早,颜色越浅表示关键词出现的平均年份越晚。

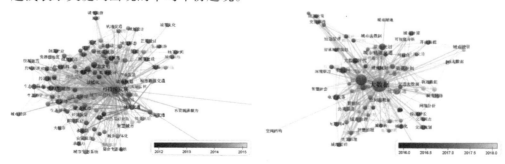

检索策略 A:城市可持续发展视角　　　　　检索策略 B:城市大数据视角

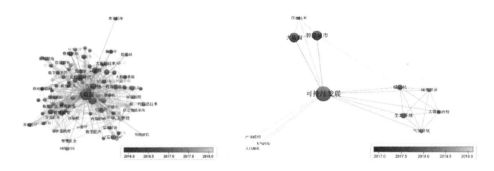

检索策略 C:大数据等信息技术视角　　检索策略 D:基于大数据背景的城市可持续发展视角

图3　4 种检索策略的关键词趋势图

基于检索策略 A 的检索结果,得到城市可持续发展领域的研究热度主要集中在 2012—2015 年,并呈现出以城市病为导向,以可持续发展为理念的经济、城市转型的趋势,例如,面对环境污染问题,绿色城市、宜居城市、可持续城市是城市转型的主流和方向。

基于检索策略 B 的检索结果,得到城市大数据领域的高频关键词主要分布在 2016—2018 年。在大数据的应用形式上,其应用趋势表现为"时空大数据""轨迹数据""POI 大数据""手机信令"等形式;在大数据的应用范围上,大数据越来越广泛地应用在"数字城市""智慧城市""智慧交通""智慧应急""智慧社会"等城市管理领域。

基于检索策略 C 的检索结果,得到城市大数据等信息技术领域的高频关键词主要分布在 2016—2018 年。大数据的发展离不开其他信息技术支持,"互联网"深入发展为大数据的发展提供了平台、信息和动力,"物联网"支持海量数据的挖掘和传输控制,通过"云计算"可以实现大数据的云存储,各种信息技术相辅相成,互相促进,这也是未来大数据发展的关键和趋势。

基于检索策略 D 的检索结果,得到基于城市大数据背景的城市可持续发展领域方兴未艾,高频关键词主要分布在 2017—2019 年,如何利用大数据技术和城市可持续发展理念解决"产业结构""人口规模""大气污染"等经济、社会、环境方面的问题,仍有较大的研究价值。

4　主题分析

4.1　大数据应用在城市可持续发展中的研究重点分析

依据可持续发展的三支柱(经济、社会、环境)[25]原则对 2.2 节统计得到的高频关键词概括、合并、分类,可以认识到大数据应用在城市可持续发展三支柱中的研究重点,如图4所示。

**图4　大数据应用在城市可持续发展
三支柱中的研究重点**

在城市社会可持续发展方面,大数据应用的研究重点主要为"公共交通""公共服务""应急管理"和"公共安全",依托大数据分析应用平台,构建科学系统的大数据应用框架和体系,整合社会大数据,实现政府的有效、及时、科学治理。例如,在公共交通领域,目前的研究包括如何借助人工智能、卫星分析、云计算等信息技术以及利用交通信号控制系统、智能检测系统、车路协同管理系统、事故分析系统等大数据分析应用平台,对公共交通大数据进行集成化管理,实现实时流量监测、OD交通量分析、交通路况感知、事故监测、优化出行方案等功能[26-27]。在公共服务领域,刘兰等人主要研究了如何通过政务信息、社区治理信息、健康档案、公众参与、社会关系等信息共享,优化资源配置,帮助政府制定科学、有效的决策[28-29]。在应急管理领域,李纲等人主要的研究重点在如何对社会舆情、个人行为、自然灾害、资源状况等大数据进行挖掘分析,如何对突发事件预警预测,并对善后恢复状况进行实时反馈,从而提高政府应急决策的反应能力[30-32]。在公共安全领域,目前的研究主要关注如何以大数据为载体促进突发公共安全事件管理向常态化转变,如何以大数据为战略资源,对突发公共事件的自然现象、人类活动、社会动态进行实时监测,进而建立以政府为核心、医院及疾控中心为信息主体、多方参与的大数据应用框架,形成常态化的应对机制,实现公共安全事件精准治理、高效治理和即时治理[33]。

在城市经济可持续发展方面,大数据应用的研究重点主要是"低碳经济""绿色经济""生态经济"和"循环经济",通过对供应链中的主要碳排放环节及重点污染源运营主体进行监测、预警和调控来减少环境污染。具体来说,在低碳经济领域,目前的研究主要聚焦于如何依托大数据共同配送网络,实现物流资源信息共享,促进城市低碳配送系统转型升级;以及研究如何依托大数据绿色供应链网络,减少供应商各个环节的环境污染,降低城市碳排放量[34-36]。在绿色经济领域,许宪春等人主要研究了如何依托公共服务平台和大数据环境监管体系发展共享经济，实现节能减排，优化资源配置，降低生产成本；以及如何构造智能建造大数据分析平台，将人力、物资、设备、信息等要素连接成基础网络，实现工业数据的全面感知、实时传输、科学分析、智能决策和调控，促进产业结构由传统产业向高端智能制造转型[37-38]。在生态经济领域，张洁等人的研究主要关注如何借助生态环境监控体系、物联网、云平台等技术，识别企业、工业等生产活动中的环境风险，并对环境质量和污染物排放量实时监测，实现城市生态环境科学预警与调控[39-41]。在循环经济领域，郭雅滨等人主要关注如何依托工业大数据、农业大数据、交通大数据、生态环境大数据，对传统产业链的生产、运输、原材料回收、能源利用、环境风险监测等过程进行科学计算与深度分析，以及如何加强重点行业和领域资源回收利用和污染物控制，实现工业"三废"的回收处理和循环利用[42-46]。

在城市环境可持续发展领域，大数据应用的研究重点主要是"海绵城市""生态城市""低碳城市"和"人居环境"，主要研究如何以大数据为支撑营造优良的城市环境，构建平安城市、生态城市等新型城市形态。例如，在海绵城市领域，目前的关注焦点在于如何依托智慧化的水量水质监测系统、海绵城市实时运行数据监管平台，对城市内涝灾害进行动态监控和多情景模拟，实现水质监控、内涝预警、河道整治、应急调度、科学管理、公众参与等功能[47-49]。在生态城市领域，张佳丽等人的研究内容一方面是如何借助传感器、红外探测、RFID等物联网相关技术采集生态环境的信息，深入挖掘和科学感知城市环境面临的风险，进而实现对环境的预警和调控；另一方面，主要研究如何以大数据为支撑，构建智慧建筑监控系统，对建筑过程进行实时分析、处理、判断、预测，包括结构和能耗分析、室内外监测、家居设备和智能电网支持等各个方面，实现建筑环境的信息共享、全面感知、优化调控和科学决策，从而为用户提供节能环保、无污染的居住环境[50-53]。在低碳城市领域，王理等人目前的研究重点包括如何通过都市农业、智能建筑、智能电网和智能城市等一系列大数据驱动的碳减排方案，优化能源、商业、电力供应链管理、交通管理、能源管理等管理流程，大大减少碳排放[54-58]。在人居环境领域，王博等人研究的主要焦点是居民的生活环境和城市治安，通过运用主动式空间大数据（如微博等移动社交媒体产生的居民对人居环境的反馈数据）和数据增强设计，充分整合生活就业、公共服务、空间结构、公共卫生、城市环境等宜居城市建设要素，改善居民的生活质量；同时研究如何以大数据为背景，对城市风险、灾害和资源环境进行应急预警分析,减少居民的安全隐患[59-61]。

4.2 大数据应用在城市可持续发展中的研究趋势分析

综合 3.3 节的关键词时间分布结果,可以得出大数据应用在城市可持续发展中的如下研究趋势。

推动大数据与人工智能、区块链等多种新兴信息技术融合将成为城市可持续发展的新动力。这一研究趋势涉及的关键词是"人工智能""区块链""云会计"等。武慧君等人的研究表明人工智能在数据感知、设备联网的基础上通过机器学习作出自主智能的决策,为城市可持续发展提供了坚固的智能技术支撑[62]。将人工智能与大数据结合,不仅解决了城市可持续建设中有限人力的障碍,而且提高了城市治理的决策效率[63]。区块链技术因其公开透明、不可篡改的优点得到了广泛的应用,如数字资产、数字货币等。高奇琦等人的研究表明区块链不仅能解决智慧城市建设中的数据安全问题,而且为多方参与主体建立信任机制,降低城市可持续建设的决策成本[64]。目前,大数据应用过程中将大数据与区块链技术相融合,可以让数据从"私有资源"转化为"公共产品",克服目前由于不同行业的数据标准和开放程度不同存在的数据壁垒和信息烟囱现象,成为惠及大众的新型基础设施[65]。

数字化技术仍将是城市可持续发展的重要载体。这一研究趋势可以通过关键词"数字经济""智慧政府"得出。依托大数据、人工智能等数字化技术和信息网络,数字经济、数字政府等将成为城市可持续发展中的重点领域。数字经济在我国得到了快速的发展,一方面,将数字化技术渗透、融合到传统产业以及实体经济,促进传统产业的转型升级和产业融合;另一方面,通过发挥数字化技术、知识、信息等要素的基础性作用,提高经济发展效率,开拓新的经济发展空间。另外,将数字化技术与政府治理相结合,催生了数字政府。刘淑春的研究表明,数字政府作为数字经济和数字社会的基础性工程,对落实网络强国、数字中国、智慧社会的国家战略、推动供给侧结构性改革具有重要的支撑作用[66]。

以大数据等新兴信息技术助力智慧城市转型将成为我国城市可持续发展的重要方向。由关键词分布可知,"智慧城市"在 2015 年就作为研究重点出现。丛晓男等人的研究表明,早在 2008 年,智慧城市的概念就应运而生,截止到 2015 年 8 月,我国共有 672 个智慧城市试点区域[67]。但是经过数十年的发展,我国智慧城市并没有克服城市病的弊端,面临海量数据与关键信息、局部应急与全局最优、全方位治理与有限物力人力、现实需求与响应效率的矛盾。陈德权等人的研究表明,这不仅是因为我国的智慧城市建设软硬件设施不足,缺乏支撑智慧城市的平台系统,而且在于顶层设计不健全,把智慧城市更多地当作新兴技术,而不具备大数据的系统和运维思维[68]。党安荣等人的研究表明新型智慧城市较之于智慧城市,更加注重城市的高效治理和城市品质的提升[69]。因此,随着城市规模、密度和复杂性的不断提高,智慧城市向新型智慧城市转型就成了大势所趋。

多维融合数据是城市可持续发展的新要素。这一主题主要涉及的关键词是"时空大数据""POI大数据"等。数据是大数据时代最核心的资源,目前在大数据分析中存在着数据壁垒、数据质量参差不齐等问题。借助物联网设施,深入挖掘时空大数据可以得到覆盖全时段、全天候的城市智能基础设施信息,例如,明雨佳的研究表明POI大数据同时具有空间和时间属性,挖掘高德地图的用户、商户的信息,可以得到公众全天候的出行流量和城市活力的中心地带[70];谌志华的研究表明通过挖掘网页数据,可以进行舆情分析,扩大公众参与[71];严若森等人的研究表明,通过挖掘社会数据能够得到不同行业(如政府、企业和互联网运营商)潜在的数据资源[72]。加强多维数据的融合,在城市可持续发展的过程中注重空间属性在时间维度上的延伸刻画,更加注重通过数据时空融合,可以提高城市可持续发展的全覆盖响应效率和全时段感知效能。

信息生态平衡将成为大数据应用在城市可持续发展的新生态。这一主题涉及的关键词是"信息生态""隐私保护"等。周秀全指出信息生态是不同层级的信息主体之间以及信息主体与信息环境之间通过信息传递和信息循环而相互联系、相互作用、相互协调发展的复杂网络系统[73]。随着信息化时代的到来,信息超载、信息污染、信息侵犯等现象越来越严重。周姗姗等人的研究表明,信息肆意收集和集成分析给用户带来了隐私泄露的风险,用户可能面临着巨大的经济损失[74]。以大数据为支撑,维护信息生态的平衡,获得良好的信息生态效益,实现稳定的信息生态循环,对促进城市可持续发展有着至关重要的作用。

5 结 论

大数据在我国城市可持续发展中应用的研究处于方兴未艾但发展上升的阶段,通过对该领域的知识结构、研究重点和前沿趋势进行具体的梳理与分析,可以鼓励国内外学者重视并关注大数据背景下城市可持续发展的研究,从而完善和发展该领域的理论体系。本文研究中的不足之处在于没有对检索策略之间的关联进行讨论,导致检索文献重复,影响检索结果的准确性;在对大数据应用重点进行概括时,分类依据来源于高频关键词的聚类分析,缺乏对低频但是可能关键的研究重点的讨论。本文建议在对大数据应用在城市可持续发展的研究中可以针对这些不足点进行进一步探索和研究。

参考文献

[1] 曹渝.技术·颠覆·地位:技术未来学派的互联网信息技术专业人员地位获得观评价[J].中国管理信息化,2016,19(22):94-97.

[2] MANYIKA J, CHUI M, BROWN B, et al. Big data:The next frontier for innovation, competition, and productivity[R].McKinsey Global Institute,2011:1-15.

[3] 朱建平,章贵军,刘晓葳.大数据时代下数据分析理念的辨析[J].统计研究,2014, 31(2): 10-19.

[4] 张春磊,杨小牛.大数据分析(BDA)及其在情报领域的应用[J].中国电子科学研究院学报, 2013,8(1):18-22.

[5] 张波,周歆,刘江涛.城市研究中的大数据应用[J].城市问题,2019(4):22-28.

[6] ANGELIDOU M. Smart city policies:A spatial approach[J]. Cities, 2014,41:S3-S11.

[7] AHVENNIEMI H, HUOVILA A, PINTO-SEPPÄ I, et al. What are the differences between sustainable and smart cities? [J]. Cities, 2017,60:234-245.

[8] AL NUAIMI E, AL NEYADI H, MOHAMED N, et al. Applications of big data to smart cities [J]. Journal of Internet Services and Applications, 2015,6(1): 41-45.

[9] BIBRI S E, KROGSTIE J. Smart sustainable cities of the future:An extensive interdisciplinary literature review[J]. Sustainable cities and society, 2017,31:183-212.

[10] 黄婷,郑荣宝,张雅琪.基于文献计量的国内外城市更新研究对比分析[J].城市规划, 2017,41(5):111-121.

[11] 时保国,田一聪,赵江美,等.生态城市的研究进展与热点:基于文献计量和知识图谱分析 [J].干旱区资源与环境,2020(3):76-84.

[12] 钱应苗,王孟钧,袁瑞佳.智慧城市研究演进路径、热点及前沿的可视化分析:基于 Web of Science 数据库的文献计量[J].世界科技研究与发展,2018,40(5):477-485.

[13] 刘佳驹,邵岩,王宇泓,等.1996—2017 年雨洪管理研究发展态势分析:基于文献计量方法 [J].环境科学学报,2020,40(7):2621-2628.

[14] 赵小风,黄贤金.中国城市土地储备研究文献计量分析[J].中国土地科学,2011,25(8): 86-92.

[15] 李颖.中国文献计量学实用研究的新进展[J].现代情报,2005,25(4):168-170.

[16] 侯剑华,都佳妮.基于专利计量与信息可视化的技术热点监测分析:以风力涡轮机技术领域为例[J].现代情报,2015,35(2):67-72.

[17] 杨斯楠,徐健,叶萍萍.网络评论情感可视化技术方法及工具研究[J].数据分析与知识发现,2018,2(5):77-87.

[18] 李萍,陈田,王甫园,等.基于文本挖掘的城市旅游社区形象感知研究:以北京市为例[J].地理研究,2017,36(6):1106-1122.

[19] 秦海菲,杜军平.酒店在线评论数据的特征挖掘[J].智能系统学报,2018,13(6):1006-1014.

[20] WCED S W S. World commission on environment and development[J]. Our common future, 1987(17):1-81.

[21] 朝乐门,马广惠,路海娟.我国大数据产业的特征分析与政策建议[J].情报理论与实践,2016,39(10):5-10.

[22] 王开泳,颜秉秋,王芳,等.国外防治城市病的规划应对思路与措施借鉴[J].世界地理研究,2014,23(1):65-72.

[23] 刘敏娟,张学福,颜蕴.基于词频、词量、累积词频占比的共词分析词集范围选取方法研究[J].图书情报工作,2016,60(23):135-142.

[24] 邓韬,张明斗.新型城镇化的可持续发展及调控策略研究[J].宏观经济研究,2016(2):37-44.

[25] 向宁,汤万金,李金惠,等.中国城市可持续发展分类标准的研究现状与问题分析[J].生态经济,2017,33(3):100-104.

[26] 陈美.大数据在公共交通中的应用[J].图书与情报,2012(6):22-28.

[27] 陆化普,孙智源,屈闻聪.大数据及其在城市智能交通系统中的应用综述[J].交通运输系统工程与信息,2015,15(5):45-52.

[28] 刘兰,闫永君.澳大利亚公共服务大数据战略研究[J].图书馆学研究,2014(5):47-51.

[29] 陶国根.大数据视域下的政府公共服务创新之道[J].电子政务,2016(2):67-73.

[30] 李纲,李阳.关于智慧城市与城市应急决策情报体系[J].图书情报工作,2015,59(4):76-82.

[31] 马奔,毛庆铎.大数据在应急管理中的应用[J].中国行政管理,2015(3):136-141,151.

[32] 岳向华,林毓铭,许明辉.大数据在政府应急管理中的应用[J].电子政务,2016(10):88-96.

[33] 周锐,黄静,范嘉祺.突发公共卫生事件大数据画像构建研究[J].电子政务,2020(6):12-20.

［34］王胜,孙贵艳.我国低碳城市规划存在的问题及对策探析［J］.科技管理研究,2017,37（20）：225-229.

［35］HAMPTON S E, STRASSER C A, TEWKSBURY J J, et al. Big data and the future of ecology ［J］. Frontiers in Ecology and the Environment, 2013, 11（3）：156-162.

［36］凌斌涛.大数据环境下城市共同配送体系建设:镇江低碳经济发展新路径研究［J］.价值工程,2017,36（35）:78-79.

［37］许宪春,任雪,常子豪.大数据与绿色发展［J］.中国工业经济,2019（4）：5-22.

［38］郭敏杰.绿色智慧城市打造智慧城市新生态［J］.世界电信,2015,28（7）:18-22.

［39］张洁,汪俊亮,吕佑龙,等.大数据驱动的智能制造［J］.中国机械工程,2019,30（2）：127-133,158.

［40］赵苗苗,赵师成,张丽云,等.大数据在生态环境领域的应用进展与展望［J］.应用生态学报,2017,28（5）:1727-1734.

［41］刘远彬,丁中海,孙平,等.两型社会建设与智慧产业发展研究［J］.生态经济,2012,28（11）：133-135.

［42］郭雅滨.以信息化建设促进循环经济发展［J］.山西财经大学学报,2007,29（S2）:45,48.

［43］胡翠红.西部农村信息化建设对促进循环经济发展的影响［D］.贵州农业科学,2011,39（1）:245-248.

［44］孙伟平,刘明石.论信息时代的生态城市［J］.广东社会科学,2016（1）:55-61.

［45］李爽,吴晓艳.智慧型生态城市建设的价值与路径［J］.人民论坛,2017（8）:74-75.

［46］王敏.加强农业循环经济发展的基础设施建设［J］.东北农业大学学报（社会科学版）,2009,7（4）:15-16.

［47］杨莉,王红武,胡坚,等.镇江市基于信息化技术的海绵城市智慧监管系统研究［J］.中国给水排水,2018,34（10）:7-10.

［48］刘晓东,杨党锋,蒋雅丽,等.西安小寨海绵城市智慧管控系统研究与应用［J］.人民长江,2018,49（S2）:300-303,311.

［49］丁锶湲,曾坚,王宁,等.智慧化海绵体系下的内涝防控策略研究:以厦门市为例［J］.给水排水,2019,55（11）:67-73.

［50］张佳丽,王蔚凡,关兴良.智慧生态城市的实践基础与理论建构［J］.城市发展研究,2019,26（5）:4-9.

［51］孙伟平,刘明石.论信息时代的生态城市［J］.广东社会科学,2016（1）:55-61.

［52］李爽,吴晓艳.智慧型生态城市建设的价值与路径［J］.人民论坛,2017（8）:74-75.

［53］仇保兴.智慧地推进我国新型城镇化［J］.城市发展研究,2013,20（5）:1-12.

［54］王理,孙连营,王天来.互联网+智慧建筑的发展［J］.建筑科学,2016,32（11）:110-115.

［55］ ZHANG Z H, LI J P. Big-data-driven low-carbon management［M］∥ Big Data Mining for Climate Change. Amsterdam：Elsevier, 2020：287-299.

［56］ DE GENNARO M, PAFFUMI E, MARTINI G. Big data for supporting low-carbon road transport policies in Europe：Applications, challenges and opportunities［J］. Big Data Research, 2016, 6：11-25.

［57］ ROMERO-LANKAO P. Governing carbon and climate in the cities：an overview of policy and planning challenges and options［J］. European Planning Studies, 2012, 20(1)：7-26.

［58］ ZHOU K L, FU C, YANG S L. Big data driven smart energy management：From big data to big insights［J］. Renewable and Sustainable Energy Reviews, 2016, 56：215-225.

［59］ 王博, 孙烨. 基于大数据城市规划评估思路与方法［J］. 城市建设理论研究（电子版）,2018 (2)：18.

［60］ 席广亮, 甄峰. 基于大数据的城市规划评估思路与方法探讨［J］. 城市规划学刊, 2017 (1)：56-62.

［61］ 向晓梅, 吴伟萍. 改革开放40年持续性产业升级的动力机制与路径：广东迈向高质量发展之路［J］. 南方经济, 2018(7)：1-18.

［62］ 武慧君, 邱灿红. 人工智能2.0时代可持续发展城市的规划应对［J］. 规划师, 2018, 34 (11)：34-39.

［63］ 高奇琦, 刘洋. 人工智能时代的城市治理［J］. 上海行政学院学报, 2019, 20(2)：33-42.

［64］ 高奇琦, 阙天南. 区块链在城市治理中的空间与前景［J］. 电子政务, 2020(1)：84-91.

［65］ 王冠. 基于"大数据+区块链"的共享经济发展研究［J］. 商业经济研究, 2018(13)：84-86.

［66］ 刘淑春. 数字政府战略意蕴、技术构架与路径设计：基于浙江改革的实践与探索［J］. 中国行政管理, 2018(9)：37-45.

［67］ 丛晓男, 刘治彦, 王轶. 中国智慧城市建设的新思路［J］. 区域经济评论, 2015(2)：140-148.

［68］ 陈德权, 王欢, 温祖卿. 我国智慧城市建设中的顶层设计问题研究［J］. 电子政务, 2017 (10)：70-78.

［69］ 党安荣, 甄茂成, 王丹, 等. 中国新型智慧城市发展进程与趋势［J］. 科技导报, 2018, 36 (18)：16-29.

［70］ 明雨佳, 刘勇, 周佳松. 基于大数据的山地城市活力评价：以重庆主城区为例［J］. 资源科学, 2020, 42(4)：710-722.

［71］ 谌志华. 基于大数据的网络舆情分析系统［J］. 现代电子技术, 2017, 40(24)：15-17.

［72］ 严若森, 钱向阳. 数字经济时代下中国运营商数字化转型的战略分析［J］. 中国软科学, 2018(4)：172-182.

[73] 周秀会,夏志锋,董永梅.信息生态学研究热点分析与展望[J].情报杂志,2009,28(12):178-181.

[74] 周姗姗,徐坤.大数据背景下信息服务中的用户隐私权保护[J].现代情报,2015,35(11):43-48.

基金项目:国家社会科学基金重大项目(编号:7ZDA062),
重庆市城市社区可持续更新研究(编号:2019CDJSK03PT06)。
作者简介:申立银(1959—),男,重庆大学管理科学与房地产学院教授/博士,研究方向为可持续建设、城市承载力、经验挖掘。
吴莹(1996—),女,重庆大学管理科学与房地产学院硕士研究生,研究方向为大数据、可持续建设,联系邮箱:563886164@qq.com。

我国城市非正规空间现象、辨析和治理建议

向鹏成[1,2,3]，戴梦云

（1.重庆大学 管理科学与房地产学院,重庆 400044;2.重庆大学 建设经济与管理研究中心,重庆 400044;3.重庆大学 可持续建设国际研究中心,重庆 400044）

摘　要:在城市化进程加速和城市正规性推进的同时,城市非正规空间问题逐渐显现。作为城市空间不可分割的一部分,城市非正规空间以其灵活性和便捷性承载着不同人群的需求,城市非正规空间的规划治理也成为城市规划者和管理者的工作重点之一。基于相关文献,梳理我国城市非正规空间的研究脉络,从相关概念、价值判断、治理问题维度厘清城市非正规空间的研究现状,并对我国城市非正规空间的规划管理建议进行梳理,提出未来的研究展望。有利于厘清我国城市非正规空间的研究脉络,为后续的规划治理提供理论参考。

关键词:城市空间;非正规性;非正规空间;空间资源;包容性

中图分类号:C912.81　　　　　　**文献标识码**:A

Phenomenon，Analysis and Governance Suggestions for Informal Space in Urban China

Xiang Pengcheng[1,2,3]，Dai Mengyun[1]

（1. School of Management Science and Real Estate，Chongqing University，Chongqing 400044，

2. Construction Economics and Management Research Center，Chongqing University，Chongqing，400044，

3. International Research Center for Sustainable Built Environment，Chongqing University，Chongqing 400044，）

Abstract:With the acceleration of urbanization，the problem of urban informal space is gradually emerging. As an integral part of urban space，urban informal space carries the needs of different people with its flexibility and convenience. The planning and governance of urban informal space has also become one of the priorities of urban planners and managers. Based on relevant literature, this article sorts out the research context of informal space in urban China, and clarifies the current research status of urban informal space from the dimensions of related concepts, value judgments, and governance issues. It also sorts out the planning and management suggestions for informal spaces in urban China, and proposes future research prospects. The research is helpful to clarify the research context of the informal space in urban China, and provides theoretical reference for subsequent planning and governance.

Key words: Urban Space; Informality; Informal Space; Space Resources; Inclusiveness

1 引 言

城市非正规性,作为一种全球性现象,在国家正规体制外自发生长,城中村、棚户区、流动商贩等非正规元素构成多层次、复杂的城市非正规空间[1]。从世界范围来看,全球非正规经济裹挟了当地的政治、经济、社会和自然环境等特征,不同国家和地区的空间要素差异性大[2]。有殖民背景的发展中国家在近几十年的快速城市化进程中,其城市形成泾渭分明的正规与非正规区域,发达国家城市则不然。相比之下,我国的国有土地性质、全覆盖的公共服务设施,以及高密度的城市环境使得非正规经济混迹于正规城市空间中,非正规空间区位和职住关系不易辨识。[3]一方面,我国快速的城市化进程,使得城市用地规模和人口膨胀,外来人口剧增,城市边缘群体增长,非正规就业和非正规经济活动逐渐兴起,形成了如城中村的自下而上生长的城市非正规空间;另一方面,现代城市交通占据、割裂了原始的城市生活空间,城市居民从生活需求出发,自发进行非正规活动来对抗不断被挤占、压缩的生活空间以及枯燥、形式化的公共空间。此外,目前我国中低层收入者面临就业难的问题,非正规经济随之兴起,各地政府出台相关政策鼓励、扶持地摊经济,地摊经济的兴起考验着城市非正规公共空间的利用和管理水平。

本文对我国城市非正规空间的主流研究和最新研究进行系统梳理:以"城市非正规空间""非正规经济""非正规商业""地摊经济""流动商贩"等相关关键词进行文献检索,从中筛选出符合主题的 77 篇文献进行精读、分析,主要对近 20 年(2000—2020 年)CSSCI 来源期刊论文进行详细剖析,并对每篇论文进行文献追溯,使得纳入本文分析的文献覆盖面较为全面。研究内容上,从研究演变、相关概念、价值判断、治理问题和规划治理建议 5 个方面对我国城市非正规空间的相关研究进行整合,并对该领域未来的研究方向进行展望。本文通过对我国城市非正规空间研究的文献回顾,厘清目前存在的城市非正规空间总体研究脉络,有助于在理论层面深入阐明城市非正规空间的发展、研究现状,丰富该领域的理论研究,同时也为我国城市化加速的背景下城市非正规空间治理和优化提供理论指导。

2 城市非正规空间研究演变及概念辨析

2.1 研究演变

城市非正规空间历经40多年的研究历程,从初期的"二元主义"认知,到21世纪对"二元主义"的超越,研究内容发生了转变,研究对象从单维度的经济或空间的研究,转变为包括经济、空间、政治、社会相互作用的多维度分析,研究视角从自下而上的静态视角,转变为自上而下的动态视角[4]。我国在城市非正规空间的发展趋势和研究趋势与我国经济政策、社会背景和城市化潮流相符合,呈现出3个阶段特征:1992年,我国社会主义市场经济体制确立,加速了城乡要素的流动,城市人口迅速膨胀,不完善的社会保障制度和劳动就业制度使得城市非正规空间充足发展,城市非正规性的研究热潮随之到来,并以平均每年约31%的增速提升,于2007年达到峰值;2008年金融危机后,中央政府加大对公共基础服务设施的建设力度、政策支持力度和财政投入力度,劳动和社会保障制度使就业和住房问题得到缓解,学者对城市非正规现象的关注度下降;从2019年底开始,之后三年,社会进入全面或部分隔离状态,经济活力受到极大影响,大量自由从业者面临资金难题,职工面临失业困境,毕业生面临就业难情境,在消极负面的市场环境下,地摊经济逐渐兴起,各地政府出台相关政策扶持当地非正规经济的发展,城市非正规性的研究再一次涌上风口浪尖,成为研究热点。近5年来国内城市非正规性主要主题的年度交叉分布图和共现矩阵如图1、图2所示。

2.2 概念辨析

城市非正规空间的概念与城市空间、非正规性、城市非正规性、非正规经济、非正规空间等概念密切相关。非正规性作为正规性的相对概念,呈现非官方的、非正式的无序状态。非正规性是一个动态演变的状态,其裹挟着城市独特的机理和社会环境,兼具灵活性和可持续性。最早以"非正规部门""非正规就业"等概念[5]出现在劳动、经济领域,未直接涉及城市空间和城市生活形态;后续对"非正规性"的研究拓展到社会、政治等城市生活方面,"非正规城市""非正规聚落"等概念[6]被逐步提出。正规性与非正规性的关系对比如表1所示。

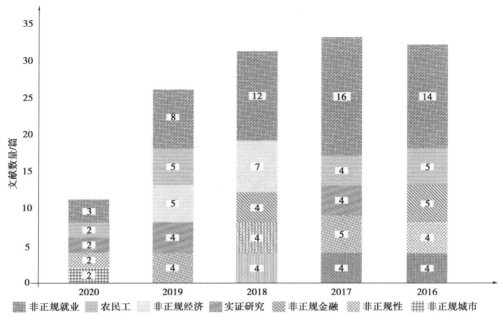

图 1　"城市非正规性"主要主题年度交叉分布图

表 1　正规性与非正规性的关系对比

角度	正规性	非正规性
官方与否	官方认可	非官方性
约束与否	制度约束	创造自由
内生秩序	稳定有序	混乱无序
地位情况	地位分化	地位平衡
发展方向	自上而下的规范性	自下而上的自发性
情感指向	理性优先	感性驱动

　　城市非正规性是一种特殊的、有组织的城市逻辑,是一种以谈判价值为特征的城市治理模式,社会资源的再安排、灵活的策略性应对[7]。城市非正规性由非正规经济(部门、就业)和非正规居住由两种主要元素构成,由城市个体或特殊社会群体基于自身需求,对城市空间进行非正规塑造或进行非正规性活动。由此可见,其包含 3 层含义:城市的物理空间环境;自下而上的观察视角、设计方法、社会组织逻辑;以居民为主体的参与方式。当城市面临重大突发公共事件时,城市非正规性受

到官方自上而下的决策引导和政策支持,与以往传统单纯自下而上的自发组织方式有实质性差异。

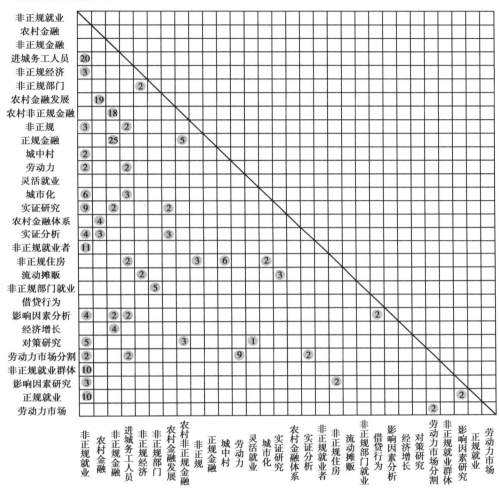

图2　城市非正规性主要主题共现矩阵图

非正规经济是容纳非正规就业和非正规部门综合内涵的概念。按照国际劳工组织(International Labor Office,ILO)的国际统计标准,非正规生产部门是指所有无法人资格、未经注册的公司或小作坊;非正规就业是指发生在正规或非正规部门的所有不受社会福利保护的工作;非正规经济是指所有非正规企业、非正规生产活动、非正规从业者及其产出的总和,包括所有没有被现有体制认可、约束与保护的有偿性劳动(个体经营或被雇用)和在创收型企业中的无偿劳动[8]。非正规经济也包括在正规经济活动中无登记、不纳税、不执行或部分执行工薪补贴和工作安全要求等相关规定的劳动力、资本与生产行为[9]。国内学者结合中国实际情况对非正规经济作出界定,认为城镇中的个体经济、私营经济以及未纳入统计的经济都属于非正规经济范畴[10],存在逃避税收和政府管制,没有向政府相关部门申报的经济行为[11]。

非正规城市空间,也被称为缝隙空间,基于城市规划和公共管理的视角,以法律政策、条例规范为衡量标准,城市空间分为正规空间和非正规空间,正规空间以相关部门规划为原则进行建设和管理,非正规空间则缺乏正规准则约束,未在土地或房屋市场管理部门进行登记,其产生具有自发性[12-13]。从组织形式来看,城市非正规空间产权不明晰、基础设施和公共服务缺失,居住者以外来人口为主,收入水平低,难以受到规划控制和法律管制[14]。基于空间是否被正规利用的角度,城市非正规空间有两大类型,一类是对未规划空间进行非正规使用,如城中村;另一类是将正规场所用于非正规途径[3][15]。尽管城市非正规空间各个概念的切入角度不同,也没有形成正式定义,但其都包括自发性和非约束性两个主要特征。

3 城市非正规空间价值判断及治理问题

3.1 价值判断

目前,学术界对城市非正规空间的价值判断既有负面评价,也有正面评价。城市非正规空间在物质环境、市容市貌、社会价值观等方面存在负面影响。城市非正规空间大多用地混杂、通道狭窄、环境治理低劣、基础设施滞后,与周边的城市景观难以协调,带来用地效率低下、城市区块无序等问题[16],城市空间呈现异质状态[13];其次,城市非正规空间的使用主体以外来人口、低收入者为主,其社会融合度差,遭遇社会歧视和不公平待遇[17],他们依靠非正规空间地理区位优势获利,自身素质却未提高,容易形成"寄生型"原住民和中青年"食利阶层"[18],加剧城市的异质性氛围[19]。在规划缺失状态下产生的城市非正规空间,加重了城市改造的负担,成为城市规划实施的障碍[16],也给城市管理带来巨大挑战[17]。

与此同时,城市非正规空间体现出城市的多样性、包容性,有利于优化城市的存量空间,学者也相应给予城市非正规空间以正面评价。城市非正规空间不仅是外来人口进入城市的缓冲区和技能培训基地,作为外来人口的栖身之地,城市非正规空间能够为其提供基本的生活服务设施和营业场所,逐渐建立自身生活与城市空间的联系,慢慢适应城市的生活状态[20],有利于改善人际交往;而且,其为大学生、打工者、创业者、小商贩等不同群体提供消费、休憩、社会交往活动的场所，满足低收入人群、外来人口基本的生活和交往诉求，具有灵活性。从社会学角度出发，城市非正规空间是高效利用空间资源的集约形态，具有可持续性，相比于正规空间治理，非正规空间的生存规则有着重要的调节作用[19]，自组织规则下更利于塑造宜人的空间环境，更充满人文关怀，孕育出创造性、多样性和包容性的城市文化，并有效弥补城市保障住房供给体系的不足[21]。如今，城市的正规性和非正规性界限趋于模糊，逐渐融合，城市规划者和管理者逐渐重视对非正规空间资源的优化和再开发。

3.2 治理问题

尽管城市规划者和管理者意识到城市非正规空间的正面价值，但在规划和治理过程中仍然存在大量问题。城市非正规公共空间的问题本质上反映的是既定空间功能使用管制与现实空间使用实践之间的矛盾，用列斐伏尔的空间生产理论表述，即空间的再现与再现的空间在空间实践中的矛盾[22]。区位固定与流动性、租金缴纳与低成本、合同约束与灵活性、产品管制与自主性是正规性治理和非正规性之间治理存在的矛盾[23]。我国城市非正规空间的治理问题主要有以下 3 个方面。

①空间规划的标准化造成了空间产品的抽象化，城市非正规空间的规训化造成了空间治理的机械化[24]，"多重边缘化"显现，规划的工具理性与生存经济之间存在冲突[25]。按照德赛图的理论，人在特定环境中，既要服从特定规则，又要在既定规则中寻求个人生存空间。因此，政府的压制性和支配性权力往往带来弱者在城市非正规空间的游击战争，强制抵制的治理态度存在问题。

②城市非正规空间治理缺乏城市决策层的参与和引导，欠缺有效的管理和运营。一方面，城市决策层对非正规空间具有消极、负面的成见，企图用简单强制的方式控制或消除这种现象，以一劳永逸，缺乏可持续的管理运维机制和公众参与的多元决策机制；另一方面，城市非正规空间分布零散、形态各异，还兼具时间属性，动态性明显，自上而下地实施管理较为困难，给管理带来极大的挑战。

③具体空间营造的缺失，提升城市非正规空间发展品质面临困境。由于政策制度、经济条件、配套部门等外部条件的限制，难以对城市非正规空间进行全面的实质性改善和利用，没有经过空间规划和设计的城市非正规空间部分功能布局不合理，周围环境品质差，缺乏相关配套设施[24]，改造难度大，实际空间营造难以落到实处。

4 城市非正规空间规划治理建议

　　城市非正规空间规划治理是一个融合多目标和复杂利益关系的过程,并且众多物质与非物质因素交织在其中,目前,学者对城市非正规空间的规划建议大致可以划分为城市维度、场所维度以及行为主体维度。

4.1 城市维度

　　在城市维度上,要以包容的态度和原则进行城市非正规空间的规划治理,空间包容性治理对城市空间的融合共享、空间机理和文脉的传承延续、城市空间公平正义的践行起到积极作用[26-27]。一方面,要理解和尊重城市空间的自发秩序、空间活动差异化的形式,以及多元的空间精神内涵,建立以"自下而上为主,自上而下为辅"的,以公共价值为导向的差异化、多元化、开放型的空间形态[2]。另一方面,在具体措施上要寻找规制和自由化的空间治理平衡点,非正规经济活动受城市人口,城市建成环境、地价,城市设施供给,政府监督与社区治理等关键因素的影响[28],采取弹性制度合理解决城市非正规空间存在的负面问题,为形成稳定脉络的城市非正规空间提供资金、技术支持,提升其配套设施水平,缩小其和正规空间的风貌水平差异,以营造和谐、有序的城市空间形象。

4.2 场所维度

　　在场所维度上,在没有理解城市非空间复杂性的基础上对其进行标准化的举措并不可取,机械化、标准化的设计并不会使空间成为艺术品,单一化的空间模式无法满足现阶段城市居民的多元化需求。提倡以使用功能为导向,对城市非正规空间进行人性化设计和引导。可以根据城市非正规空间的功能属性以及空间使用者的认知和反馈,通过政策引导、物质改造、精细化管理对其进行有机修正和补充,提升空间的使用效度[24]。

　　具体而言,在场所层面做好城市非正规空间的规划治理。首先要厘清非正规性和正规性治理之间的五大矛盾——流动属性与正规化要素、流动性与区位固定性、低成本与高租金、灵活性与合同约束性、自主性与管制性[23]。非正规活动场所分布具有明显特征,其决定因素是潜在消费者/使用者、可营业/活动空间,空间界面、天气状况、人流量、时段需求、监管力度、竞合情况等多因素通过影响以上两个关键因素,对非正规空间场所参与者的分布产生作用[29]。因此,要切实关注空间不同群体、社区空间、邻里空间的使用配套服务需求,兼顾不同性质群体的资源分配,如空间原有居民和外来人口,对服务设施功能进行合理配置,避免错位配置和过度配置造成资源浪费的现象,以保障场所各群体的空间利益,维持空间生产的公平和效率[2]。

4.3 行为主体维度

从行为主体的角度出发,既然城市非正规空间的规划治理是一个蕴含多元目标的、复杂的动态决策过程,其预期目标的实现基于多元协商的动态决策网络,需要多元行为主体的多层次参与,那么在治理过程中多元参与主体一同构成行动者间的多向度联系网络空间[2]。第一层主体为政府规划者和管理者,第二层主体是投资者或开发商,第三层主体是城市居民或特定群体。学者们普遍认为城市非正规空间的规划治理应该将自下而上的行为意愿和自上而下的管控制度相结合,其中的关键在于如何平衡各方利益、切实下放官方权力、保证监管制度到位,以及建立有效的自下而上的沟通渠道。具体而言,一方面,作为城市治理更新的官方力量和市场力量,政府管理者和市场投资者需要发挥自身的社会责任,在平衡好内部利益的基础上,进行外部的规划管理和投资开发;另一方面,由于城市非正规空间的塑造本身是第三类主体表达生活诉求、博弈生产的结果,因此通过编制公众参与行动手册[30]、组建公众组织,如社区共同体[31]等方式将部分规划管理权力下放,使第三类主体得以以正式参与者的身份参与到城市非正规空间的设计、建设和运维管理环节,不仅能激发其积极性和创造性,而且能将管理举措落到实处,弥补官方管控存在的薄弱之处,从而促进城市非正规空间的可持续发展。

5 结论与未来展望

我国城市非正规空间的研究随着国家政策、社会背景和城市化进程,历经了3个阶段,涉及"非正规性""城市的非正规性""非正规经济""非正规城市空间""非正规聚居区""非正规就业""非正规商业""非正规社区"等相关概念。学术界对城市非正规空间的价值判断从最初的消极态度,到如今愈加重视其正面性,期待能通过优化城市非正规空间来丰富城市空间形态和关怀人们的生活。尽管如此,城市非正规空间治理存在的问题却不容忽视,城市非正规空间的规训化造成了空间治理的机械化、空间治理缺乏城市决策层的参与和引导、空间发展品质的提升和具体空间营造的缺失,这些治理问题的存在使城市非正规空间的发展不可持续。鉴于这些现实问题,学者们从城市维度、场所维度和行为主体维度提出相关建议,认为要以开放包容的态度看待城市非正规空间的存在,寻找规制和自由化的空间治理平衡点,提倡以使用功能为导向,对城市非正规空间进行人性化设计和引导,在治理过程中将自下而上的行为意愿和自上而下的管控制度相结合,从而促进非正规空间的可持续发展。

我国城市非正规空间的研究已有初步探索,对城市非正规空间的不同类型、相关主体以及空间形成机理有选择性地进行探讨、分析,从研究初期分析城中村、城乡接合部的形成原因,到关注流动商贩、非正规居住者等主体要素的行为特点,再到深入探讨非正规经济、非正规商业现象的内生机理,随着研究范围的扩大和研究点的深入,我国城市非正规空间的相关研究逐渐丰富,并取得了长足的进步。但是,在研究方法、研究对象以及剖析深度上还存在不足——目前的研究对象相对局限,大多数论文局限在某个城市的某个非正规空间区域进行研究,无法得出普适性规律,研究说服力不足;研究方法以实地调研为主,通过实际观察到的现象和对实地调研数据的后期处理分析得出空间演化规律和结论,存在调研覆盖的时空界面不全,主观能动性大的情况;城市非正规空间的研究存在学科复杂性,其囊括了地理学、经济学、社会学等众多学科的知识,而在对现象进行机理分析时,由于学科的局限性,选取的角度很难从多学科交叉视角进行切入、深入,因而存在分析深度不够、维度不全、结论片面等局限。

因此,可以从以下方面对我国城市非正规空间的研究进展提出展望。在研究方法上,以定性和定量方法相结合为原则,除了自上而下理论式的发掘,在进行自下而上的实践调研时,还可以考虑运用大数据技术,使得数据更加翔实、全面、可靠。在研究对象和深度上,在对城市非正规空间某一特定类型空间进行研究时,要关注不同城市、不同区域相同类型空间的类比分析;在对非正规空间某一空间要素进行分析时,要注意思考这一要素和其他空间要素之间的作用关系;在对城市非正规空间的形成机理进行分析时,要将宏观层面和微观层面逻辑,以及不同学科之间进行结合;在对城市非正规空间的规划和管理进行建议时,要注重发掘新的视角,可以对不同规划方案和管理策略进行对比分析,根据模拟的实施效果进行选择。

参考文献

[1] 徐苗,陈宇琳,玛莎·陈.非正规经济下的城市空间发展:全球趋势与地方规划应对[J].国际城市规划,2019,34(2):1-6.

［2］庞娟.城市非正规性治理反思、空间转向及策略选择［J］.学术界,2019(3):115-122.

［3］肖作鹏,王小琦,李凯.非正规城市化与非正规商业空间形态及形成机制:以深圳市平山村为例［C］∥转型与重构:2011 中国城市规划年会论文集.南京,2011:12.

［4］黄颖敏,薛德升,黄耿志.国外城市非正规性研究进展及启示［J］.人文地理,2017,32(4):7-14.

［5］ALEXANDER C. The Timeless Way of Building［M］. New York:Oxford·Universtity Press,1979.

［6］LENZHOLZER S, BROWN R D. Post-positivist microclimatic urban design research:A review［J］. Landscape and Urban Planning, 2016(153):111-121.

［7］DICKEN B. City of God［J］. City, 2005,9(3):307-320.

［8］ILO:International Labor Office. Women and men in the informal economy: a statistical picture［R］. Geneva:International Labor Organization, 2002.

［9］ANNE V M, GUARNIZO L E. Room for manoeuvre:Rethinking the intersections between migration and the informal economy in post-industrial economies［J］. Population, Space and Place, 2017, 23(7):e2085.

［10］胡鞍钢,赵黎.中国城镇非正规经济发展轨迹(1949—2004 年)［A］∥中国科学院——清华大学国情研究中心.国情报告［第九卷 2006 年(下)］,清华大学国情研究中心,2012:68.

［11］刘洪.中国非正规经济［M］.北京:中国统计出版社,2011.

［12］王晖,龙元.第三世界城市非正规性研究与住房实践综述［J］.国际城市规划,2008(6):65-69.

［13］陈煊,魏小春.城市街道空间的非正规化演变:武汉市汉正街的个案(1988—2013 年)［J］.城市规划,2013,37(4):74-80.

［14］李娜,杨俊雷,韩敏,等. 城市规划和公共政策视角下的非正规城市思考［A］∥中国城市规划学会.多元与包容:2012 中国城市规划年会论文集(13.城市规划管理),中国城市规划学会:中国城市规划学会,2012:10.

［15］李晓江. 宽容与谅解:关注城市非正规现象［R］.昆明,多元与包容:2012 中国城市规划年会,2012.

［16］田莉."都市里的乡村"现象评析:兼论乡村—城市转型期的矛盾与协调发展［J］.城市问题,1998(6):43-46.

［17］赵静,薛德升,闫小培.国外非正规聚落的改造模式与借鉴［J］.规划师,2009,25(1):80-84.

［18］闫小培,魏立华,周锐波.快速城市化地区城乡关系协调研究:以广州市"城中村"改造为例［J］.城市规划,2004(3):30-38.

［19］唐亚林.城市生活的非正规性及其治理［J］.江南大学学报(人文社会科学版),2011,10(4):51-52.

[20] 冯革群.全球化背景下非正规城市发展的状态[J].规划师,2007,23(11):85-88.

[21] 周凌,赵民.构建多层次的城镇住房供应体系:基于厦门市实证分析的讨论[J].城市规划,2008(9):28-37.

[22] 亨利·列斐伏尔.空间与政治[M].李春,译.上海:上海人民出版社,2008.

[23] 黄耿志,薛德升,徐孔丹,等.中国大城市非正规公共空间治理:对城市流动摊贩空间疏导模式的后现代反思[J].国际城市规划,2019,34(2):47-55.

[24] 高春花.日常生活为基础的城市空间特质及异化防范[J].华中科技大学学报(社会科学版),2019,33(5):59-63.

[25] 叶裕民,徐苗,田莉,等.城市非正规发展与治理[J].城市规划,2020,44(2):44-49.

[26] 冯革群.全球化背景下非正规城市发展的状态[J].规划师,2007,23(11):85-88.

[27] 靳泓,李和平.空间包容性语境下的非正规城市治理研究:以重庆沙坪坝区饮水村片区为例[J].华中建筑,2020,38(1):68-72.

[28] 原明清.武昌区老旧社区非正规经济活动的空间特征及影响因素研究[D].武汉:华中科技大学,2019.

[29] 庞宇琦,薛德升,王德.流动商贩的分布特征及营业空间界面影响分析:以广州中山大道西路段为例[J].人文地理,2012,27(2):56-61.

[30] 郝凌佳.城市非正规性视角下的街区更新规划策略研究[A]//中国城市规划学会、杭州市人民政府.共享与品质:2018中国城市规划年会论文集(02城市更新),中国城市规划学会,杭州市人民政府:中国城市规划学会,2018:10.

[31] 刘一瑶,徐苗,陈瑞.立交桥下"失落空间"的非正规性发展及其更新策略研究:以重庆杨公桥立交为例[J].西部人居环境学刊,2017,32(5):42-51.

基金项目:重庆市自然科学基金面上项目(cstc2020jcyj-msxmX0107),中央高校基本科研业务费项目(2020CDJSK03YJ06,2020CDJ-LHSS-007)。

作者简介:向鹏成(1974—   ),男,四川万源人,重庆大学管理科学与房地产学院教授、博士生导师、副院长;主要从事城市经济与管理、房地产经济与住房政策、项目管理、风险管理等领域的研究。

戴梦云(1996—   ),女,福建福清人,重庆大学管理科学与房地产学院硕士研究生。

基于系统动力学的国际工程项目人员属地化风险研究

向鹏成[1,2]，冯起兴[1]，戴梦云[1]

（1. 重庆大学 管理科学与房地产学院，重庆 400044；

2. 重庆大学 建设经济与管理研究中心，重庆 400044）

摘　要：为解决国际工程人员属地化风险问题，基于承包商视角识别出人员属地化风险因素，分析因素间的相互关系，进而构建系统动力学模型；并结合国际工程具体案例获取各风险因素数值，通过 G_1 法确定权重系数，对模型进行仿真模拟。结果表明，语言文化差异、企业文化融入不够为关键风险因素，需重点防范；承包商层面风险源风险水平普遍偏高，承包商应加强内部管理。模拟结果与工程实际情况相符，该模型可为国际工程项目评估与防范人员属地化风险提供实践指导。

关键词：国际工程；人员属地化风险；系统动力学

中图分类号：F407.9　　　　　　**文献标识码**：A

Research on Human Resource Localization Risk of International Engineering Project Based on System Dynamics

Xiang Pengcheng[1,2], Feng Qixing[1], Dai Mengyun[1]

（1. School of Management Science and Real Estate, Chongqing University,

Chongqing 400044；2. Research Center of Construction Economics

and Management, Chongqing University, Chongqing 400044）

Abstract：In order to solve the problem of personnel localization risk in international engineering, this paper identify the risk factors of personnel localization management from the perspective of the contractor, build the system dynamics model based on the analysis of the relationship between different factors; and then combine the specific cases of international engineering to obtain the value of each risk factor and determine the weight coefficients by the G_1 method. The simulation results of the model show that language and culture differences and inconspicuous corporate culture are key risk factors that should be focused on prevention. The level of risk sources from contractor is generally high, and the contractor should strengthen internal management. The empirical results are consistent with the actual situation of the project. The model can provide practical guidance for assessment and prevention of personnel localization risks in international engineering project.

Key words: International Engineering; Personnel Localization Risk; System Dynamics

1 引 言

近年来,随着"一带一路"建设的推进,中国企业在国际工程市场中的影响力越来越大。但随着国际形势日趋复杂,全球经济不断分化,各国劳务市场受到剧烈震荡后,随之而来的是劳动力市场制度与人力资源发展战略的转变。为缓解当地的就业压力,越来越多的东道国政府开始限制外籍劳动力进入,且近些年对本国籍与外籍员工的比例限制呈上升趋势,同时由于国内劳务成本上升,传统的劳务输入逐渐丧失成本优势。在这样的大环境下,人员属地化逐渐受到重视。与国内劳务市场不同,许多国际工程所在国经济相对落后,劳动力素质普遍较中籍员工低,且由于语言文化差异,信息的传达、劳工的管理也显得困难重重。而这诸多的风险因素将直接影响国际工程项目的工期成本,甚至成为安全隐患,最终对项目收益与企业形象造成难以预料的损失。在防范化解重大风险的国家战略背景下,为了更好地扩大项目赢利空间,提升我国企业在国际工程承包中的竞争力,在推行属地化管理的过程中,国际工程承包企业所面临的人员属地化风险亟待解决。

属地化又被称为本土化、本地化,是一个不断提高当地员工工作能力的过程,培训和提高员工工作能力和效率的主要目的是让他们可以替代本国员工为公司工作[1]。对属地化的研究早在 20 世纪 80 年代便已开始,美国著名经济学、管理学者 Porter[2] 在 1985 年首次提出价值链理论,强调跨国公司在国际经营活动中应充分重视本土化,加强差异化优势的利用,以取得竞争优势。同时属地化也是利弊共存,Wong 和 Law[3] 对跨国企业在华实施属地化管理的优缺点进行了详尽的分析。学者们逐渐意识到寻求跨国公司属地化管理的关键因素的必要性,Ishii[4] 通过分析丰田在美研发中心的 NPD 项目,发现确保研发质量是国外子公司本土化的重要条件。

属地化管理主要分为经营属地化、管理属地化、人员属地化和待遇属地化四大方面,这四个方面相辅相成,密切联系[5],人员属地化是属地化管理成败的关键。关于人员属地化的研究,学者们主要结合国际工程实例展开讨论。程鹏[6] 以中交四航局肯尼亚蒙内铁路项目为例,探讨海外工程项目人力资源属地化的必然性,提出应提升人力资源属地化的层次,由简单的劳工本土化转向管理国际化。郭圣乾[7] 通过分析 A 石油企业在沙特的用工现状问题,提出相应的本土化用工对策。胡俊针对几内亚市场,从法律角度分析国际工程承包商属地用工风险成因、内容及应对策略[8]。从已有文献来看,众多国内外学者针对不同国际工程项目提了相应的人员属地化管理策略,但鲜有学者从风险管理的角度在定量层面探究推行人员属地化带来的风险及其特点,从而针对性地采取应对措施。

鉴于此,本文总结前人的研究成果,旨在构建一个国际工程人员属地化风险动态评估模型,有利于国际工程承包商管控人员属地化风险,助力推动我国"走出去"企业属地化管理更进一步。本文将从多维度识别国际工程项目人员属地化风险因素,分析各风险因素间相互关系;基于系统动力学构建国际工程人员属地化风险模型;结合实际案例情境进行仿真模拟,探究该国际工程项目人员属地化风险的动态特征与关键风险因素,针对性提出策略建议。

2 人员属地化风险因素识别

本文探讨的人员属地化风险是指由于承包商管理、属地化员工个人原因或其他外部环境因素,导致工程发生成本超支、法律纠纷、文化冲突、安全事故等后果的风险,这些风险会大大降低推行人员属地化的效果。

在风险因素的识别过程中,本文采用文献分析法及案例研究法,严格按照文献的权威性、案例的典型性及各类资料的时效性,选取了 24 篇 2014—2021 年的 CSSCI、SCI 及高引文献,10 个大型国际工程案例,初步识别出 27 个风险因素。而后通过专家访谈,共线上采访 10 位专家,其中 7 位为具备多年国际工程项目管理经验的从业人员,3 位为在国际工程投资风险方面研究颇深的高校学者,从专家访谈记录中进行风险因素提取,对照初步识别出的风险因素,筛选其中关键因素。按照风险后果的不同,将筛选出的关键因素进行聚类整理,最终形成包含成本风险、法律风险、跨文化风险、安全风险 4 个维度共 18 个风险因素的国际工程项目人员属地化风险清单,如表 1 所示。

表 1　人员属地化风险清单

风险分类	编号	风险因素	风险分类	编号	风险因素
成本风险 R_1	R_{11}	员工忠诚度不够	法律风险 R_2	R_{21}	复合型人才不足
	R_{12}	属地化员工流动性高		R_{22}	劳动合同存在漏洞
	R_{13}	当地员工技术水平低		R_{23}	对当地法规习俗不了解
	R_{14}	工作效率低		R_{24}	劳动纠纷
	R_{15}	工会组织强势		R_{25}	用工保护政策
	R_{16}	属地国劳动力规模小	安全风险 R_4	R_{41}	当地员工道德素质低
跨文化风险 R_3	R_{31}	语言文化差异		R_{42}	属地化劳工安全意识差
	R_{32}	沟通效率低		R_{43}	罢工游行等群体性事件
	R_{33}	企业文化融合不够		R_{44}	属地化管理粗放

3　人员属地化风险系统动力学建模

3.1　系统边界

清晰界定系统的边界是模型成功与否的关键步骤。本文的研究重心为国际工程项目人员属地化风险的动态特征,所构建的系统包括人员属地化风险因素、人员属地化水平、人员属地化风险控制策略 3 个子系统。依据风险识别的结果,人员属地化风险应当包括成本、法律、跨文化、安全四大风险类别。理论上这四大类别的风险因素都应在模型中体现,如涉及政治变动、自然灾害等不可抗力的外部环境因素,虽然发生概率很小,但风险后果严重。考虑到外部环境风险因素不可控性太强,非系统结构所能决定和改变。本文采取避轻就重的原则,将识别筛选出的与所研究的动态问题有重要影响的关键因素放进模型,对所建模型影响甚微的因素则忽略不计[9]。

3.2　系统因果关系图

国际工程项目人员属地化风险系统是一个负反馈系统,其系统模型因果关系如图 1 所示。具体反馈回路为：人员属地化风险因素——人员属地化风险——人员属地化水平——与期望水平的差距——人员属地化风险控制策略——人员属地化风险因素。当人员属地化风险因素水平上升时，会导致人员属地化风险增加，风险的增加将降低人员属地化水平，进而扩大与期望水平之间的差距，而随着差距的增大，承包商将强化人员属地化风险控制策略以减少风险因素水平，降低人员属地化风险，如此形成负反馈闭环，直至系统趋于稳定，也意味着承包商达到工程预期目标。

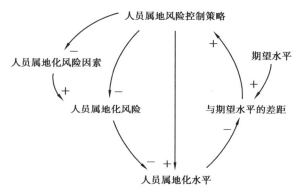

图1　国际工程项目人员属地化风险系统模型因果关系图

（1）人员属地化风险因素子系统因果关系图

根据国内外文献及国际工程实例中的风险传导研究结论，本部分将前文识别筛选得到的 18 种关键风险因素进行建模，如图 2 所示。

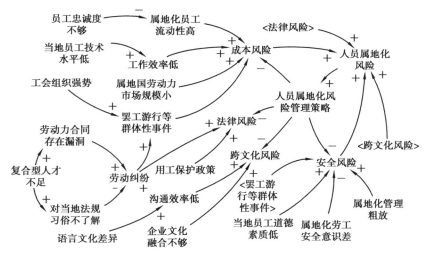

图2　人员属地化风险因素子系统因果关系图

（2）人员属地化水平子系统因果关系图

参考左慧敏等人[10]的研究成果，人员属地化水平由属地化劳务管理制度、当地用工规模、多样化的培养体系、人性化管理、尊重文化多样性、属地化管理团队建设、企业形象 7 个因素共同影响，基于此建立的人员属地化水平因果关系如图 3 所示。

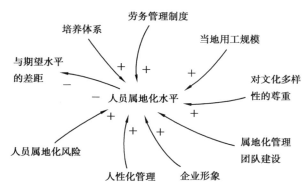

图 3　人员属地化水平子系统因果关系图

（3）人员属地化风险控制策略子系统因果关系图

在参考崔杰[11]研究成果的基础上，结合国际工程项目人员属地化的实际情况，当人员属地化水平降低时，会激励国际工程承包商采取风险控制策略，从招聘配置、培训工作、法务管理、劳动关系管理、人本管理 5 个维度来控制人员属地化风险。其中的因果关系如图 4 所示。

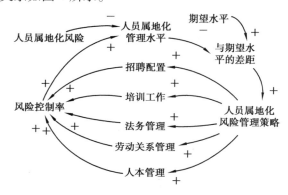

图 4　人员属地化风险控制策略子系统因果关系图

3.3　系统动力学模型

系统动力学引入状态变量、速率变量、辅助变量、常量等要素来描述系统构成、系统行为和系统元素相互作用的变化过程[12]。根据前文因果反馈图和各子系统的相互作用机制构建国际工程项目人员属地化风险系统动力学模型,如图5所示。

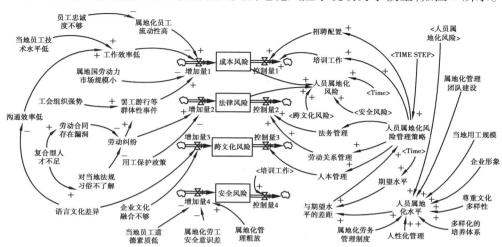

图5 人员属地化风险系统动力学模型

3.4 模型方程式

在系统动力学方程的构建过程中,参考了Liu[13]等的研究成果,部分数据与变量关系借鉴现有文献,最终确定相关方程,如表2所示。

表2 国际工程项目人员属地化风险系统动力学模型方程表

序号	数学方程式
1	质量风险 = INTEG(发生率1−控制率1,0)
2	法律风险 = INTEG(发生率2−控制率2,0)
3	跨文化风险 = INTEG(发生率3−控制率3,0)
4	安全风险 = INTEG(发生率4−控制率4,0)
5	风险增加量1 = 相对系数β_{11}×属地化员工流动性高+相对系数β_{12}×属地国劳动力市场规模小+相对系数β_{13}×工作效率低+相对系数β_{14}×罢工游行等群体性事件
6	风险增加量2 = 相对系数β_{21}×劳动纠纷发生频率+相对系数β_{22}×用工保护政策
7	风险增加量3 = IF THEN ELSE(相对系数β_{31}×语言文化差异+相对系数β_{32}×企业文化融入不够≤3,2.5,相对系数β_{31}×语言文化差异+相对系数β_{32}×企业文化融入不够)
8	风险增加量4 = 相对系数β_{41}×属地化劳工安全意识差+相对系数β_{42}×属地化管理粗放+相对系数β_{43}×当地员工道德素质低
9	风险控制量1 = DELAY3[(培训工作+招聘配置)/2,1.8]
10	风险控制量2 = DELAY3[(劳动关系管理+法务管理)/2,1.8]

续表

序号	数学方程式
11	风险控制量 3 = DELAY3(人本管理,1.8)
12	风险控制量 4 = DELAY3(培训工作,1.8)
13	人员属地化水平 = 属地化劳务管理制度 * 相对系数 γ_1 + 当地用工规模×相对系数 γ_2 + 多样化的培养体系×相对系数 γ_3 + 人性化管理×相对系数 γ_4 + 尊重文化多样性×相对系数 γ_5 + 属地化管理团队建设×相对系数 γ_6 + 企业形象×相对系数 γ_7 - IF THEN ELSE(人员属地化风险≥2,人员属地化风险/10, -0.4)
14	人员属地化风险 = ZIDZ(质量风险+法律风险+跨文化风险+安全风险,TIME)
15	人员属地化风险控制策略 = TIME STEP + WITH LOOK UP̄ 与期望水平的差距,[(0,0)(4.5,17)],(0,0),(0.5,13),(1,13.5),(1.5,14),(2,14.5),(2.5,15),(3,15.5),(3.5,16),(4,16.5),(4.5,17)]
16	人员属地化水平与期望水平差距 = 期望水平 - 人员属地化水平

4 模型仿真——以阿尔及利亚某军用建筑项目为例

4.1 案例选取

为检验该国际工程项目人员属地化风险系统动力学模型的实用性,本文选取阿尔及利亚某军用建筑项目未完工程施工项目进行实证分析,该项目合同工期为12个月,可能出现的中断,包括每周周末、国家法定节日、年假以及正常气候条件下的恶劣天气,都包含在工期之内。工程量大、工期紧是项目面临的主要问题,如果延期,将面临高额延期罚款。因此,工期内保质保量完工是该项目的最终目标。由于当地劳动局的规定,本项目当地劳工与中国劳务派遣工人比例达到了 1:5,当地人员属地化存在着语言交流障碍、劳动效率难以提升等诸多问题,为如期完成目标,人员属地化风险的应对防范成为关键。

4.2 参数赋值

(1)速率变量初始值赋值

因相关变量以定性变量为主,且整个系统的运行模式与特征由系统动力学模型的基本结构决定,对参数初始值的设定并不敏感,故采取向该国际工程项目部中方管理人员发放问卷打分的形式确定变量初始值,通过对收回的 33 份有效问卷里的数据进行均值计算,得到各速率变量初始值,如表 3 所示。

表3　国际工程项目人员属地化风险系统动力学模型速率变量初始值表

所属子系统	编号	速率变量	初始值	所属子系统	编号	速率变量	初始值
成本风险 R_1	R_{11}	员工忠诚度不够	3.08	法律风险 R_2	R_{21}	复合型人才不足	2.76
	R_{12}	属地化员工流动性高	2.92		R_{22}	劳动合同存在漏洞	2.86
	R_{13}	当地员工技术水平低	2.57		R_{23}	对当地法规习俗不了解	2.61
	R_{14}	工作效率低	3.17		R_{24}	劳动纠纷	2.94
	R_{15}	工会组织强势	2.87		R_{25}	用工保护政策	2.96
	R_{16}	属地国劳动力规模小	2.92	安全风险 R_4	R_{41}	当地员工道德素质低	2.86
跨文化风险 R_3	R_{31}	语言文化差异	2.96		R_{42}	属地化劳工安全意识差	3.11
	R_{32}	沟通效率低	3.10		R_{43}	罢工游行等群体性事件	3.08
	R_{33}	企业文化融合不够	2.65		R_{44}	属地化管理粗放	3.03

(2)相对系数赋值

各相对系数通过 G_1 法确定,G_1 法是一种不需要一致性检验的新方法,可体现决策者的主观意愿[14]。首先确定序关系,当评价指标 x_i 相对某评价标准的重要性程度不小于 x_j 时,记为 $x_i \geqslant x_j$ 。若评价指标 x_1 , x_2 , $\cdots$, x_m 相对于某评价标准具有 $x_1 \geqslant x_2 \geqslant \cdots \geqslant x_m$ 的关系时,则称评价指标 x_1 , x_2 , $\cdots$, x_m 之间按" $\geqslant$ "确立了序关系。然后给出 x_k 与 x_{k-1} 之间相对重要程度比值 $r_k = \omega_{k-1}/\omega_k$ (ω_{k-1} , ω_k 为各指标对应的相对系数),相对系数计算公式为:

$$\omega_m = \left[1 + \sum_{k=2}^{m} \left(\prod_{i=k}^{m} r_i \right) \right]^{-1}$$

将10位专家打分的均值 r_k 代入公式,最终计算得到各相对系数值如表4所示。

表4　国际工程项目人员属地化风险系统动力学模型相对系数表

相对系数编号	系数值	相对系数编号	系数值
β_{11}	0.25	β_{12}	0.25

续表

相对系数编号	系数值	相对系数编号	系数值
β_{13}	0.23	β_{43}	0.30
β_{14}	0.27	γ_1	0.22
β_{21}	0.57	γ_2	0.17
β_{22}	0.43	γ_3	0.10
β_{31}	0.49	γ_4	0.18
β_{32}	0.51	γ_5	0.18
β_{41}	0.37	γ_6	0.08
β_{42}	0.33	γ_7	0.07

4.3 模拟结果分析

在确定各风险因素风险水平及权重系数后,利用 Vensim PLE 软件来建立人员属地化风险系统动力学模型进行仿真模拟,仿真模拟完成时间为项目的实际周期:48 周,仿真步长为 1 周,将系统涉及的所有方程式及各变量、常量初始值输入相应的文本框,运行模拟后,得到成本风险、法律风险、跨文化风险、安全风险 4 种人员属地化风险类型的变化趋势图,仿真结果如图 6 所示。

由图 6 可知,法律风险在模拟时间区间内整体呈波动上升态势;成本风险和安全风险则随时间的推移波动下降,且安全风险下降趋势最为明显;跨文化风险前期波动幅度较大,后逐渐放缓,36 周后趋于相对较低的稳定值。模拟初期各风险类型风险值均有大幅度波动,通过对比工程实际情况发现,这主要是由于初期缺乏经验,承包商对人员属地化风险控制策略的执行力度把控不到位、松弛无度造成的。人员属地化各风险类型变化趋势说明:

①在国际工程项目中,合理的招聘配置及培训工作可有效降低推行人员属地化过程中带来的成本风险。这主要是通过多元化的用人及培养体系提升当地员工技能水平、管理团队的属地化管理能力,从而提升工作效率和员工稳定性来实现的。

②对劳务人员的安全培训能有效提升劳工安全意识,降低施工现场伤亡事故的发生率,这是安全风险下降趋势明显的主要原因,相较之下,安全风险最易于防范,采取有效措施对风险的抑制效果也最明显。而成本风险和安全风险初期并没有显著降低的趋势,这表明人员属地化风险控制策略的实施对风险的降低作用有

一定延迟。

③跨文化风险在波动后趋于平稳,这表明跨文化风险存在控制的临界值,这可能是因为尽管注重人本关怀能让属地化雇员更好地认同我国境外企业的企业文化、融入团队,但先天的宗教信仰、文化风俗的差异使得中外员工之间传递信息、表达思想、交流情感总是会存在偏差,不同文化背景之间的跨文化沟通始终是国际工程风险管理的一大难题。

④法律风险则在整个模拟区间内波动之后持续走高,因为劳动关系管理与法务管理能减少劳动合同漏洞,缓解劳动纠纷,在前期可一定程度上抑制法律风险的升高,但随着时间的推移,用工保护政策这一问题并不能得到根本上的解决,风险隐患逐渐累积,使后期法律风险呈上升趋势。

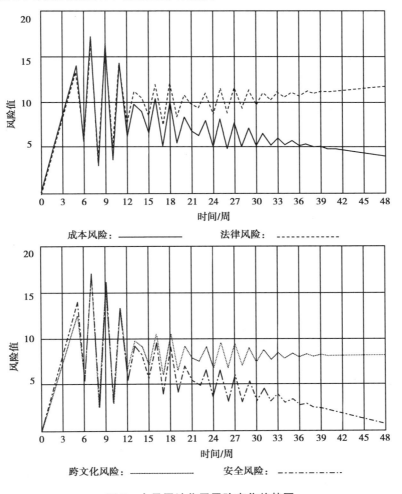

图 6　人员属地化子风险变化趋势图

4.4 敏感性分析

系统动力学模型敏感性检验主要通过令相关变量在一定范围内变化,检验风险系统的模型响应是否敏感[15]。得出各风险因素对目标风险的影响程度排序,以确定关键风险因素,从而有针对性地制订科学、合理的风险控制策略。此分析采取控制变量法,在保持其他条件不变的情况下,依次将模型中的 11 项常量风险因素值提高 1 个单位,观察人员属地化风险水平的变化。在控制变量分析之前,本文按照风险来源所属将风险因素分为员工层面、承包商层面、外部环境层面三大类,各风险因素敏感性分析结果如表 5 所示。

表 5　各风险因素敏感性分析结果

变动层面	变动风险因素	风险因素各水平下人员属地化风险水平终值	
		保持不变	提高 1 个单位
员工层面	员工忠诚度不够	0.512	0.626
	当地员工技术水平低	0.512	0.620
	属地化劳工安全意识差	0.512	0.834
	当地员工道德素质低	0.512	0.769
承包商层面	企业文化融合不够	0.512	1.197
	复合型人才不足	0.512	0.907
	属地化管理粗放	0.512	0.797
外部环境层面	工会组织强势	0.512	0.631
	用工保护政策	0.512	0.890
	属地国劳动力市场规模小	0.512	0.722
	语言文化差异	0.512	1.257

在所有风险因素中,语言文化差异敏感度最高,企业文化融入不够处于第二高水平,这反映了海外工程承包与国内工程承包最大的不同,国内工程受政治、经济层面风险影响大,文化风险影响微乎其微,而在海外工程承包中,要推行人员属地化,文化风险管理起决定性作用。在实施国际工程项目过程中,文化因素差异是最容易产生冲突的环节。有资料显示,境外工程项目失败率高达20%~30%,其主要原因就是跨文化背景下管理不力。由于文化的传递性、移动性、变迁性特征,当不

同文化碰撞融合时,宗教信仰、风俗习惯、价值观念、沟通方式、思维模式各方面的差异都会成为建立良好人际关系的阻碍。同时,企业文化如果不能很好地融入当地文化,由于对文化意义、符号系统的不同理解,管理过程中也容易爆发文化冲突。因此我国企业在海外制订管理制度、创建企业文化时,需要对属地国的文化习俗、思维模式等进行综合考量,营造以人为本、平等尊重的文化氛围,以提升属地化员工对企业的认同感。

对比图 7 的 3 个层面的风险来源发现,承包商层面风险源敏感度普遍较高,除企业文化融入不够敏感度高外,复合型人才不足敏感度也占据高位,属地化管理粗放敏感度与其他层面风险因素相比也处于中高水平。由此可见,承包商内部管理问题是国际工程人员属地化风险控制的重中之重。复合型管理人才的缺乏使制订好的人员属地化风险控制策略落实乏力。属地化管理粗放体现在各项管理的标准、规范、流程不完善,并存在属地化用工不规范、制度不健全等问题,导致风险增大。针对复合型人才不足的问题主要有两种解决方案,一是在国际平台上公开招聘精通国际工程法律、合同、融资等各类管理人才;二是培养并重用具备管理才能的属地化人才,充分发挥其熟悉当地语言、文化、法律的天然优势。

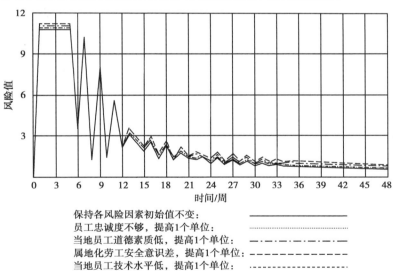

（a）员工层面因素对人员属地化风险趋势影响

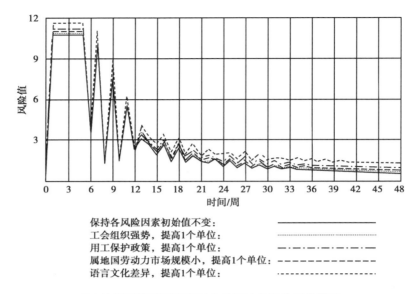

保持各风险因素初始值不变：——————————
工会组织强势，提高1个单位：··············
用工保护政策，提高1个单位：—·—·—·—·—·
属地国劳动力市场规模小，提高1个单位：—————————
语言文化差异，提高1个单位：——————————

（b）外部环境层面因素对人员属地化风险趋势影响

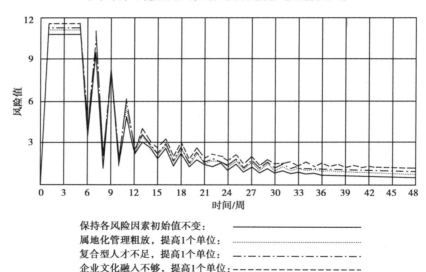

保持各风险因素初始值不变：——————————
属地化管理粗放，提高1个单位：··············
复合型人才不足，提高1个单位：—·—·—·—·—·
企业文化融入不够，提高1个单位：————————————

（c）承包商层面因素对人员属地化风险趋势影响

图7　各层面因素对人员属地化风险趋势影响

员工层面的风险源当中，属地化劳工安全意识差敏感度最高，当地员工道德素质低敏感度次之，员工忠诚度不够和当地员工技术水平低敏感度相对较低。属地化劳工安全意识差对风险水平的影响是显而易见的，劳工安全意识淡薄将直接导致事故高发，而安全事故处理难度很大，如果处理不当，会对项目的整体稳定造成极大的影响。当地员工道德素质低也易导致安全风险，一般情况下，我国海外工程承包商采取的是中方管理人员管理属地化劳务人员的管理方式,在管理过程中,由于宗教文化差异、沟通表达障碍等,常产生误解纠纷,导致属地化劳务与中方管理人员爆发冲突的现象时有发生,而某些当地劳工会采取极端激进的方式对管理人员进行打击报复,中方管理人员人身安全存在隐患。

外部环境层面的风险源中,语言文化差异敏感度最高,用工保护政策次之,属地国劳动力市场规模小和工会组织强势相对较低。出于对本国公民的保护,当地劳动法中存在许多对属地国员工的保护规定,在国际工程项目中,承包商如果与属地化员工之间发生劳动纠纷,当地政府在处置纠纷时会偏袒本国国民。同时,当地用工保护政策的存在也使得项目部想辞退不符合工作需求的属地化员工极其困难,一旦处理不当,法律风险便大幅增加。

5 结 论

本文基于国际工程承包商视角识别人员属地化风险因素,结合现有文献与案例研究结论,构建国际工程项目人员属地化风险系统动力学模型,并以阿尔及利亚某军用建筑项目为例,利用 Vensim PLE 软件进行仿真模拟,通过对各风险类型变化趋势及各风险因素敏感性的分析,得到以下结论:

①人员属地化风险控制策略可有效控制成本风险和安全风险,提升人员属地化水平,但该控制作用有一定的时间延迟。为有效控制风险、减少损失,策略的实施要提前。

②在所有风险因素中,语言文化差异、企业文化融入不够敏感性最高,为关键风险因素。在国际工程承包中,要推行人员属地化,跨文化风险管理起决定性作用。

③在 3 个层面的风险来源中,承包商层面风险源敏感度普遍较高,因此承包商内部管理问题是国际工程人员属地化风险控制的重中之重。

本文提出人员属地化风险这一概念,丰富了国际工程属地化管理理论,为国际工程承包商管理人员属地化风险、优化人员属地化策略提供指导作用。需要注意的是,人员属地化风险各类风险水平会随所在国环境和时间的不同而变化,因此该系统动力学模型在实际应用时,需根据不同工程实例调节模型变量与参数,使模拟结果更为准确,从而制订更科学合理的风险控制策略,减少损失,助力我国国际工程承包企业属地化管理的长足发展。

参考文献

[1] BHANUGOPAN R, FISH A. Replacing Expatriates with Local Managers: An Exploratory

Investigation into Obstacles to Localization in a Developing Country [J]. Human Resource Development International, 2007, 10(4): 365-381.

[2] PORTER M E. Competitive advantage: creating and sustaining superior performance with a new introduction[M]. London: the Free Press, 1998.

[3] WONG C S, LAW K S, Managing Localization of Human Resources in the PRC: A Practical Model [J]. Journal of World Business 1999. 34(1): 26-40.

[4] ISHII S. Localization of Product Development and Human Resource Management at Foreign Subsidiaries: a Case Study of Toyota's R&D Center in the U. S. [J]. Journal of Business Management, 2017,38(1):64-75.

[5] 余永斌. 印度工程属地化经营的思考[J]. 施工技术, 2014(12):486-489.

[6] 程鹏. 海外工程项目人力资源属地化研究:以中交四航局肯尼亚蒙内铁路项目为例[J]. 建筑经济, 2016, 37(9):44-46.

[7] 郭圣乾,刘婧. 跨国石油企业的本土化用工策略探析:以A石油企业为例[J]. 中国人力资源开发, 2011(10):68-71.

[8] 胡俊. 属地用工法律风险研究[J]. 国际工程与劳务, 2020(8):56-57.

[9] 徐娟,刘志学,洪亮. 物流外包风险的系统动力学分析[J]. 统计与决策, 2008(8): 17-19.

[10] 左慧敏,郝生跃. 海外工程承包项目人员属地化管理评价研究[J]. 建筑经济, 2016, 37(10):99-104.

[11] 崔杰. 嵌入性人力资源属地化管理理论模型与应用探索[J]. 人口与经济, 2015(6): 96-102.

[12] 游达明,孙理. 基于系统动力学的企业招聘外包风险仿真研究[J]. 软科学, 2016(8): 79-84.

[13] LIU Z X, XU J, LI Y, et al. Using System Dynamics to Study the Logistics Outsourcing Cost of Risk [J]. Kybernetes, 2012, 41(9):1200-1208.

[14] 向鹏成,宋贤萍. PPP模式下城市基础设施融资风险评价[J]. 工程管理学报, 2016(1): 60-65.

[15] 黄德春,贺正齐,张长征. 大型工程社会稳定风险扩散的系统动力学仿真研究[J]. 河海大学学报(哲学社会科学版), 2019, 21(3):60-67.

基金项目:重庆市社科规划项目重大项目"坚决打好防范化解重大风险攻坚战"(2018ZD02)。

作者简介:向鹏成,男,(1974—),四川万源人,教授、博士,研究方向:国际工程、风险管理、建筑技术经济等。

冯起兴(1996—),男,江西赣州人,硕士研究生,研究方向:风险管理、国际工程管理。

戴梦云,女,(1996—),福建福清人,硕士研究生,研究方向:项目管理、风险管理等。

绿色实践驱动下建筑企业联盟的成本动机与联盟绩效关系的系统动力学分析

赵艳玲[1,2],张博晗[1]

（1.重庆大学 管理科学与房地产学院,重庆 400044

2.重庆大学 建设经济与管理中心,重庆 400044）

摘　要:在当前"双碳"目标背景下,越来越多的建筑企业参与绿色实践,为了更好地达成绿色目标,许多企业通过组建联盟进行组织间合作的方式来降低成本,从而提高联盟绩效。为了明确绿色实践、联盟成本动机与联盟绩效的内在关系,本文梳理了建筑业绿色实践的驱动因素,基于交易成本经济学理论分析了联盟成本动机,构建了绿色实践驱动下建筑企业成本动机与联盟绩效的因果关系模型,借助 Vensim PLE 软件工具,分别考虑成本动机的强、中、弱 3 种情景,进行数值模拟仿真。结果显示,短时间内联盟成本动机,并不明显影响联盟绩效增速,但从长期来看,联盟的成本动机增强会产生更高的联盟绩效。如果增加成本动机初始强度,会使联盟绩效提高,经过反馈作用,绩效提升速度加快,从而加强建筑企业长期合作意愿,对联盟成本动机具有积极的促进作用。通过敏感性分析得到,联盟绩效对成本动机的变化比较敏感,随着联盟成本动机的逐渐增强,联盟绩效提升效果更加显著。

关键词:绿色实践;联盟动机;联盟绩效;系统动力学

中图分类号:F293　　　　　　　　文献标识码:A

System Dynamics Analysis of the Relationship Between the Cost Motivation and Alliance Performance of Construction Enterprise Alliance Driven by Green Practice

ZHAO Yanling[1,2], ZHANG Bohan[1]

（1. School of Construction Management and Real Estate, Chongqing University,

Chongqing 400044;

2. Construction Economics and Management Center, Chongqing University,

Chongqing 400044)

Abstract: In the context of the current "dual carbon" goal, more and more construction companies are participating in green practices. In order to better achieve the green goals, many companies form alliances for inter-organizational cooperation to reduce costs and improve alliance performance. In order to clarify the internal relationship between green practice, alliance cost motives and alliance performance, this study sorts out the driving factors of green practice in the construction industry, analyzes alliance cost motives based on transaction cost economics theory, and establishes the cost motives and cost motives of construction companies driven by green practices. The causal relationship model of alliance performance, with the help of Vensim PLE software tool, considers the three scenarios of strong, medium and weak cost motivation respectively, and carries out numerical simulation. The results show that the cost motive of alliances in a short period of time does not significantly affect the growth rate of alliance performance, but in the long run, the increase of cost motives of alliances will produce higher alliance performance. If the initial strength of the cost motivation is increased, the performance of the alliance will be improved. After feedback, the performance improvement rate will be accelerated, thereby strengthening the willingness of construction companies to cooperate in the long-term, and having a positive role in promoting the cost motivation of the alliance. Through sensitivity analysis, alliance performance is more sensitive to changes in cost motives. With the gradual enhancement of alliance cost motives, the effect of alliance performance improvement is more significant.

Key words: Green Practice; Cost Motivation; Alliance Performance; System Dynamics

1 引 言

随着经济全球化,各行各业的技术创新速度逐渐加快,组建联盟已成为企业实现可持续竞争优势的重要工具[1]。就建筑行业而言,近几年国家和各地方政府纷纷出台政策和文件大力倡导建设和推广绿色建筑,行业绿色技术创新步伐和速度随之加大、加快,为了更快地适应市场行业环境、提高企业经济效益与社会影响力,建筑企业纷纷与上下游企业、同行业企业建立合作关系,即组建联盟,成为建筑企业进行绿色实践的重要组织模式。

由于建筑业提出低碳化、数字化、智慧化发展的要求,建筑企业联盟也衍生出不少类型,如绿色建筑产业联盟、产教联盟、建筑供应链联盟等横向或纵向的联盟,近几年涌现出多个联盟,例如 2012 年万科、英国建筑研究院(BRE)等 14 家企业、科研机构成立的北京绿色建筑公园绿色技术联盟,在可持续发展与绿色创新等领域进行深度合作。2019 年,浙江博元建设股份有限公司在浙江嘉兴市组建建筑业企业发展联盟,计划通过联盟有效减轻建筑企业成本。2020 年,中建四局与华为等 47 家企业成立智慧化产业联盟,通过参与城市信息模型(CIM)平台建设试点等,营造可持续发展的产业经济环境。借助建筑企业联盟的方式来更好地实现绿色目标,联盟合作方通过资源共享的高效协作可实现降低成本。同时根据实践调研①发现,降低绿色创新成本是建筑企业联盟的重要动机之一。基于成本动机的联盟究竟是否有助于预期绩效的实现呢? 由感觉—动机—行为—结果的这种计划行为范式,在建筑企业联盟中的作用和效果值得探讨和研究。

较早解释联盟形成原因的理论为交易成本经济学,Williamson[2] 认为适应性是经济组织的核心问题,而联盟是与市场或层级组织不同的形式,它的存在可有效降低企业交易成本,提高经济绩效。吴小节等人[3] 通过评估企业战略管理研究领域中的交易成本理论应用状况,发现在合作战略的角度上,目前的研究主要集中在合作战略确定后,不同的合作对象与合作方式对企业绩效可能产生的影响这两个方面。另外,Chen 等人[4] 认为获取互补技术、缩短新技术开发时间是促进联盟形成的重要动机;汤易兵[5] 基于实证研究表明降低市场的准入风险等为主要的联盟动机。同时着眼于建筑业进行分析发现,建筑企业联盟将使其中的参与方不再只负责单一元素,多方将创新等风险共担,建筑企业与联盟企业达成持续战略合作,可以帮助实现知识增长[6],带来综合的绩效提升。

对于联盟绩效的研究,学者们关注不同维度方面的衡量,其中除利润水平作为企业最关注的结果之外,衡量联盟关系的维度也被重视,如 Rahman[7] 研究选取联

---

① 2021 年 7 月课题组赴西安实地深入调研 6 个建筑工程项目。

盟合作的满意程度、联盟稳定持续性等来衡量目标实现程度。综合来看,联盟产生后会受联盟动机的影响,即由于不同意图产生的联盟动机意愿,影响进行的合作实践的行为或结果,会产生相应的联盟绩效差异[8],包括经济、关系等多方面维度。

总之,目前研究较少针对某一行业的特定联盟合作动机进行探究,更加缺乏系统性的动态关系的讨论,也缺乏对绿色实践驱动、特定的联盟成本动机和联盟绩效变量较为深入的刻画和测度。因此,本研究将根据交易成本经济学等相关理论,构建系统动力学模型,深入分析联盟成本动机与联盟绩效的动态关系,模拟不同程度成本动机影响下绩效的变化,探究在绿色实践驱动下成本动机对联盟绩效的差异化影响。

2 文献研究与理论基础

基于建筑业绿色实践而产生的联盟动机,可用计划行为理论(Theory of Planned Behavior,TPB)梳理出逻辑模型,如图 1 所示。

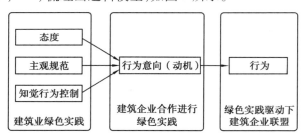

图 1 TPB 理论下的逻辑模型

TPB 理论认为决定行为主要包括态度、主观规范、知觉行为控制 3 方面。态度表示对该行为所持的感觉;主观规范则是判断决策时感受到行为执行的规范制度等社会压力;知觉行为控制代表个体感知到行为执行时的难易程度。运用计划行为理论,解释绿色治理视角下建筑企业联盟的动机及行为发展,帮助理解该行为的产生。

具体来看,绿色实践与发展绿色建筑的驱动力,是指基于政府、企业内部、市场行业和经济层面的主观规范、态度或是感知程度所产生的潜在因素,在这些因素的影响下,建筑企业会产生合作联盟的行为意向即联盟动机,推动了行为发展。而由于不同意图产生的联盟动机意愿,影响进行的合作实践的结果或行为,会产生相应的联盟绩效差异。

2.1 建筑企业进行绿色实践

世界环境与发展委员会(WCED)于 1987 年在东京公布的《我们共同的未来》报告中指出,可持续发展是"能满足当代人的需要,又不对后代人满足其需要的能力构成危害的发展"。着眼建筑企业的可持续发展,便是通过应用高新技术,降低资源和能源的消耗,满足当代人更高的建筑产品追求的同时减小对后代人的消极影响。伴随着解决建筑能耗、污染等问题,我国大力发展绿色建筑,住房和城乡建设部于 2019 年颁发了最新版本的《绿色建筑评价标准》,提倡绿色建筑的可持续发展模式。同时,从近年来绿色实践的理念不断提出、绿色建筑项目的数量与质量不断提高,可以看出绿色治理是建筑行业未来发展的重大方向之一。目前基于绿色视角下的研究,大多围绕绿色建筑、绿色供应链、绿色创新等方面,针对绿色视角下建筑企业联盟的驱动因素方面,试结合绿色治理、绿色供应链管理等相关文献对绿色驱动因素进行归纳。

国内学者普遍将绿色发展的驱动因素分为内部驱动因素和外部驱动因素,但具体的划分仍有许多不同。如陈立文等人[9]认为外部驱动因素包括政府层面与市场层面,内部驱动因素包括道德责任、声誉形象、人类福祉。解学梅等人[10]将外部驱动解释为政策驱动、市场驱动和社会驱动,内部驱动则为管理团队、内部员工和上下游企业驱动。

国外学者研究如 Falkenbach[11]从房地产投资者的角度确定环境可持续建筑的驱动因素,提出外部驱动、企业内部驱动、经济驱动 3 类因素,其中经济驱动主要从租金溢价、降低运营成本、减少风险和提升物业价值这 4 个方面进行了讨论。

建筑用户是最终交付过程的客户,也是进行绿色发展的重要驱动力之一,尤其针对可持续的高性能建筑,环境的需求被重点引入,其中包括建筑系统效率、健康的居住环境等[12],客户的绿色需求以及在绿色建筑行业市场内的发展都成了重点驱动因素。同时,伴随我国不断提倡节能减排与绿色建筑,法规和政策已被证明在改变和提高建筑行业环境意识方面具有有效性和影响力[13]。

基于以上研究,可以发现建筑企业进行绿色实践的驱动因素种类较多,涉及许多利益相关方,要研究针对绿色视角下建筑企业联盟形成的驱动原因,结合上述建筑供应链的驱动因素考量与我国建筑业实际情况,本研究在已有研究基础上提出政府、经济、市场行业与内部 4 个层面的驱动是建筑企业进行绿色实践的重要因素。

2.2 联盟成本动机

交易成本经济理论展示了企业如何选择最合适的治理结构,该理论认为,交易成本是由有限理性、机会主义行为和资产专用性造成的。根据交易成本理论,企业在选择交易方式时,大多会考虑降低成本的目标。Williamson[2]指出,当治理形式与交换条件相匹配时,公司将成本最小化,其中联盟的组织形式允许企业降低生产和交易成本,因为预期合作伙伴会朝着共同目标合作。基于此,降低交易成本便是建筑企业联盟重要的成本动机。

基于交易成本经济理论,企业战略联盟的存在可以降低单个企业在资源获取和技术开发过程中的交易成本,提高建筑企业联盟共生链的效率,通过联盟成员之间的相互合作,提高企业联盟绩效。从经济学角度来说,企业战略联盟的存在是由于内部交易成本大于社会交易成本。本文发现绿色实践驱动下建筑企业联盟产生的交易成本会大于单个建筑企业绿色实践的交易成本。随着成本降低的规模效应,可能会给建筑企业和联盟伙伴带来更多的利润空间,通过合作提高经济绩效的成本动机得以显现。

2.3 联盟绩效

Das & Teng[14]将联盟绩效定义为合作伙伴企业在联盟中实现其目标的程度,其概念被众多学者认可和沿用。而评价联盟绩效在行为论和产出论后,越来越被认可的理论是将行为和产出相结合的观点,衡量最终目标结果的同时,也需关注行为本身的贡献。这样的绩效评价使企业更好地运行,反映了当前的能力与未来发展趋势,较为正确客观地反映情况。

而成本动机下的绩效优势,也是基于交易成本经济学理论,通过追求规模经济效应,来降低成本提高利润。绿色实践下的建筑企业联盟更善于利用不同企业间的资源,最大程度整合要素,通过达成经济效益的规模优势,来实现自身的目标。具体而言,可能在降低交易成本、提高经济效益的联盟动机意愿中,利用规模经济优势的行为达成降低成本的经济活动高行为效率状态,来提高企业的利润水平。

3 研究假设与方法

3.1 研究假设

联盟动机是企业对更高效解决问题产生协同合作的意愿,其中所有的企业进行合作联盟都会追求利益,从经济角度来说,企业间进行联盟与整合、并购等是降低成本的重要手段,成本动机是不可或缺的一部分。

在交易成本经济学的指导下,建筑企业联盟的成本动机可以从两方面进行分析,一是联盟是介于市场和层级之间的中间或混合组织形式,因为预期合作伙伴会朝着共同目标合作,会使企业降低交易成本;二是交易成本阐明了管理对规模经济的贡献,联盟借助规模经济效应来合作提升经济绩效获得更多的附加价值。基于此,产生了降低交易成本和通过合作提高经济绩效的两个成本动机。

因此,在经济视角下,不论是站在建筑企业角度还是联盟整体角度,降低交易成本、合作提高经济绩效都是重要的联盟动机。联盟组建完成后,在成本动机的驱使下,通过追求规模经济带来的优势和高效率的经济活动行为,既提升了企业的利润水平,也提升了联盟绩效的经济效益。

成本动机的强烈程度不同,会使联盟绩效有所变化,一开始就抱有较强的成本动机与较低的成本动机,会直接影响行为的实践效率,对绩效带来不同程度的改变。因此,基于以上分析,本研究做出以下假设:

H1:绿色实践驱动下建筑企业联盟的成本动机对联盟绩效有促进作用。

H2:不同程度的成本动机使联盟绩效的变化显著。

3.2 研究方法

系统动力学自 Forrester 教授创立以来,已被应用于社会学、管理学、生态学等多个领域。作为跨学科研究的有效工具,系统动力学模型体现了系统的因果理论,通过应用直观的箭头符号,可表示系统中一个变量对另一个变量的积极或消极影响,有助于分析社会经济类复杂系统的问题。

运用系统动力学对企业联盟进行相关的研究,刘娇[15]基于知识协同下的联盟企业创新绩效系统动力学模型进行分析,了解知识协同与联盟企业创新绩效的关系。范建红[16]构建了联盟能力影响战略联盟知识转移的因果关系模型和系统流图,研究发现联盟能力影响战略联盟知识转移的系统动力学模型能较好地模拟现实情形。本研究基于此,通过 Vensim PLE 软件对联盟成本动机影响联盟绩效的过程进行建模与仿真。

4 系统动力学模型的构建

4.1 指标选取分析

建筑企业进行绿色实践的驱动因素种类较多,涉及许多利益相关方,本文在已有研究的基础上提出政府、经济、市场与内部 4 个层面的驱动是建筑企业进行绿色实践的重要因素。

联盟的动机会受环境的变化而改变,Lee[17]、陈国鹰等人[18]认为企业加入联盟是为了利用合作伙伴的资源,获得经济支持,降低自身成本,最终提升绩效。而除了降低交易成本,另一个强烈的动机便是通过规模经济来降低整体成本从而获得附加价值。因此,本文将降低交易成本、通过合作提高经济绩效作为联盟的成本动机指标。

对联盟绩效的研究,主要分为财务方面和非财务方面,许多学者尝试用各种方法建立指标体系来衡量联盟绩效。但财务层面的数据难以获得,其他的指标也难以度量,出现的定性指标描述甚至会比定量指标更符合实际的情况。潘东华等人[19]构建联盟创新绩效评价体系时关注了联盟建设中的盈利能力,表明除了受关注的利润,联盟的协同合作发展关系反馈越正面,竞争优势的增长越迅速。

同时,联盟的本质与系统的特征相似,联盟合作可以看作系统协同机制,是动机转化成行为,行为转化成目标结果的过程运行,是在动态且复杂的环境中,呈现的过程特征,保持联盟内部的可持续性才可建立长久的竞争优势。因此,越强的联盟内部相互依赖关系与长期合作意愿程度,越能在系统中良性循环发展,对协同机制产生推动作用。基于此,本文选取利润水平有效提高、相互依赖程度两个指标来衡量联盟绩效。

结合以上学者观点,考虑到建筑企业合作进行绿色实践,本文的成本动机与联盟绩效选取指标如表 1 所示。

表 1 成本动机、联盟绩效选取指标

指标维度	联盟动机指标
成本动机	降低交易成本
	通过合作提高经济绩效
联盟绩效	利润水平有效提高
	相互依赖程度

4.2 因果关系的构建

建立模型前,首先要根据本文对象即绿色实践驱动下的建筑企业联盟,确定合适的边界,研究联盟成本动机产生后对绩效的影响。系统研究包含明确的起始和结束时间,为了更好地发现和理解变化,本文将研究时限限定为 36 个月,即 3 年,足以反映联盟中长期的变化趋势。且设定绩效变化的指标仅随时间流逝由指向它的行为或动机的影响下产生,不考虑其他因素影响,为封闭回路。构建的系统因果关系图如图 2 所示。

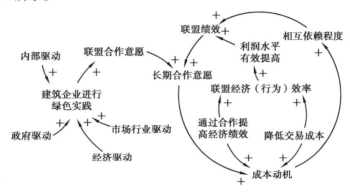

图 2   绿色实践驱动下建筑企业成本动机与联盟绩效的因果关系图

其中包含回路:成本动机—相互依赖程度—联盟绩效—长期合作意愿—成本动机。由于成本动机的重要产生因素为降低交易成本、通过合作提高经济绩效,在意愿的驱动下实践中联盟的联盟经济行为效率优势会更显著,使利润水平有效提高进而提升联盟绩效。在实践合作过程中,会使联盟过程中企业的相互依赖程度增加,在这一定程度上也有助于提升联盟绩效。联盟绩效得到有效提升的情况下,会进一步加深企业进行长期合作的意愿,进而对联盟的成本动机又起到正向影响的作用,形成正反馈的回路。

5   系统动力学仿真分析

5.1   基于系统动力学构建联盟动机与联盟绩效的仿真分析

5.1.1   系统仿真模型及方程设计

在因果分析基础上,遵循系统动力学原理,并为了关注联盟动机对该类联盟绩效的关系,假设联盟绩效初始为 0,并为在联盟成本动机的各因素积累下持续提升的。在因果关系的基础上,依据联盟动机因素对联盟绩效的影响情况构建系统流图,如图 3 所示。

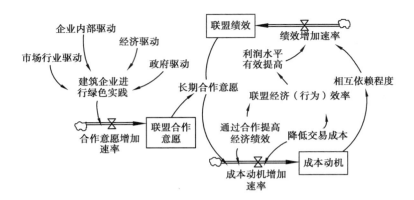

图3　绿色实践驱动下建筑企业成本动机与联盟绩效的系统流图

此系统中主要存在3个状态变量,3个流率变量,5个辅助变量,6个常量,共17个变量。本文方程设计参考杨陈等人[20]的系统动力研究,并结合变量之间的关系进行创建,模型主要方程设计如下。

（1）状态变量方程设计

①成本动机＝INTEG（成本动机增加速率×0.5,0）;

②联盟绩效＝INTEG（绩效增加速率×0.8,0）;

③联盟合作意愿＝INTEG[RAMP（合作意愿增加速率×0.5,3,36）]。

（2）流率变量方程设计

①成本动机增加速率＝WITH LOOKUP[降低交易成本×0.5+通过合作提高经济绩效×0.5）/2)×SMOOTH（长期合作意愿×0.3,3],｛[（0,0）－（1,1）],（0,0）,（0.2,0.15）,（0.4,0.3）,（0.6,0.55）,（0.8,0.7）,（1,0.8）｝;

②绩效增加速率＝利润水平有效提高×0.8+DELAY1（相互依赖程度×0.8,3）;

③合作意愿增加速率＝RAMP（建筑企业进行绿色实践×0.5, 2, 36）。

（3）主要辅助变量方程设计

①长期合作意愿＝IF THEN ELSE[联盟绩效≤联盟合作意愿,（联盟合作意愿+联盟绩效）×0.05,（联盟合作意愿+联盟绩效）×0.1];

②联盟经济（行为）效率＝RAMP（通过合作提高经济绩效×降低交易成本×0.2,3,36）。

由于绿色实践驱动下建筑企业联盟的成本动机与绩效的因素有明显的理论化特征,很难采取现实数据的实际赋值进行模拟。因此需要定义各变量间的函数关系,本模型中3个状态变量方程,代表状态变量随时间变化对速率变量的积分。在设置速率变量时,由于影响动机增加速率的变量众多,其关系难以用精确函数表述,选取系统动力学中的表函数(WITH LOOK UP)可通过点的趋势表达非线性变量的关系变化。

同时在本模型中衡量各个变量的单位并不统一,因此在模拟仿真过程中对所有变量均实行了无量纲化。通过对模型中的常量进行赋值,依据理论分析出的因果关系构建流率变量等的方程关系,便可在无法获得确定定量数据的基础上,仿真预测分析出变化趋势,并对比参数改变前后的效果。基于模型仿真目的是观察状态变量的变化趋势,并不是对变量值进行计算,故将本文的成本动机常量均设定在[0,1]区间,设定初始值均为0.4。

5.1.2 仿真结果分析

为了检验所建立模型的有效性和灵敏度,在 Vensim PLE 软件中进行仿真研究。成本动机、联盟绩效的初始仿真结果如图4所示。

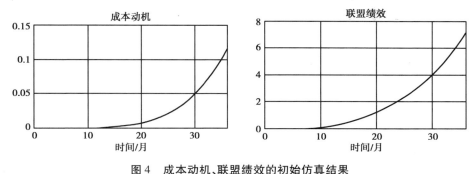

图4 成本动机、联盟绩效的初始仿真结果

由图4可见,联盟的成本动机总体呈现上升趋势,并且增速逐渐增快,主要是动机的产生到由时间行为带来的正反馈有时间上的延迟。具体来看,随着时间的推移,利润水平有效提高、相互依赖程度逐步增加使联盟绩效提高,进而使长期合作意愿增加,再次影响动机,主要存在两方面原因,一是在联盟初期的动机产生后,到组建联盟进行合作行为的过程中需要一个过程;二是初期尤其是第一年企业间的联盟关系不够稳定。

但联盟绩效随时间的增加而持续增加,并在后期的增速明显加快。其机理是联盟动机的产生到影响联盟绩效所需的时间较长,在联盟前期对绩效的提升虽然并不明显,但随着后期所累积的长期合作意愿、相互依赖程度的明显提升,关系稳定且紧密,使合作逐渐高效,联盟绩效大幅度显著提高,验证了假设 H1 中的促进作用。就模拟情况而言,上述变量的发展趋势是符合实际情况的,该模型可较好地模拟联盟成本动机与联盟绩效的影响关系,故通过有效性检验。

5.2 模型多情景模拟及灵敏度检验

通过模型检验后,鉴于成本动机的产生意愿程度不同,不同情景下的结果可能不同,可通过灵敏度检验探究不同程度成本动机对联盟绩效的影响趋势。将成本动机变量指标的程度作为划分依据,以动机的弱、适中、强进行分类,形成 3 种方案展现发展趋势,如表 2 所示。同时观察对系统多情景模拟的影响情况,与参数灵敏度检验的过程相似,即通过改变参数数值以观察影响值的浮动效果。本文注重研究联盟动机影响联盟绩效的关系,通过调整成本动机的各常量即降低交易成本、通过合作提高经济绩效的数值,观察成本动机与联盟绩效的变化。

表 2   多情景模拟方案

成本动机强弱	弱(0.4)	适中(0.6)	强(0.8)
方案	方案 1	方案 2	方案 3

图 5 的多情景仿真模拟结果显示,第一年的动机变化与初始情况一样变动极小,这是由于联盟系统中的反馈作用需要时间,随着时间的推移,成本动机与联盟绩效的提升较为显著,且增长逐渐加大,正反馈作用明显。由此看出短时间内单个愿意组建联盟产生的动机,并不明显影响联盟绩效增速,但长期来看,联盟的成本动机增强后会产生更多的绩效增加。

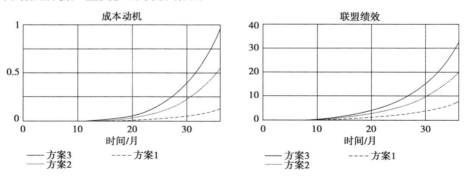

图 5   成本动机、联盟绩效的仿真及灵敏度分析

通过观察成本动机在 3 种程度下对联盟绩效的仿真模拟图,表明直接增加成本动机的初始强度,会使联盟绩效有效增长,且后期经过反馈的作用,会使绩效提升的速度加快。反馈的回路过程,即随着成本降低、经济绩效的提升,带动利润水平的上升,提升绩效,同时在联盟过程中的相互依赖程度提高,加强了长期合作意

愿,对成本动机也有正向的促进影响。方案1、2、3中的曲线变化幅度显示,联盟绩效与成本动机在不同状态模拟下有相似的表现,并且联盟绩效对成本动机的变化还是比较敏感的,后期成本动机增强幅度越大时,会对提升联盟绩效有更显著的效果,较好地验证了假设H2。

5.3 样本实证研究设计检验

为了检验基于理论研究所创建的系统动力学模型的科学性,本文依据联盟动机及联盟绩效设计了调查问卷。在设计问卷过程中,就问卷内容向业内专家进行了开放式问卷调研,结合意见与问卷初试结果,多次修改并最终确定正式问卷。回收线下及线上问卷共210份,为充分考虑到问卷的合理与专业性,从中选取出123份具有代表性的有效问卷数据,均为对相关领域有深入研究的专家或实行企业联盟的中高管理层人员。本文对样本描述主要采用SPSS 24.0统计分析工具描述和统计分析。

对本文的绿色实践驱动因素、成本动机和联盟绩效的评价指标进行信度检验,得到 α 值为0.836, $\alpha>0.7$,表示量表信度高,可接受此问卷,具体结果如表3所示。

表3 评价指标描述性统计及信度检验

评价指标	平均值	标准差	样本量	Cronbach α
降低交易成本	3.959	0.900	123	
通过合作提高经济绩效	4.057	0.890	123	
利润水平有效提高	3.114	0.916	123	
相互依赖程度	2.984	1.032	123	$\alpha=0.836$
政府驱动	4.128	0.618	123	
经济驱动	3.892	0.854	123	
市场行业驱动	3.634	0.742	123	
企业内部驱动	4.024	0.756	123	

为验证成本动机与联盟绩效的关系,先检验样本数据是否适合进行因子分析,采取KMO值判定方法,即KMO值越大,表明越适合进行因子分析。本文所计算的KMO值及Bartlett's球形度检验结果如表4所示,KMO值为0.791,取样足够合理,Bartlett's球体检验的显著性概率小于0.01,适合做因子分析。

表4 评价量表的 KMO 值及 Bartlett's 球形度检验结果

KMO 值		0.791
Bartlett's 球形度检验	近似卡方值	440.052
	自由度	28
	显著性	0.000

进一步对成本动机中降低交易成本、通过合作提高经济绩效的两个变量与联盟绩效的相关性进行分析,结果如表5所示,降低交易成本与联盟绩效成正相关($r=0.481,P=0.000$),通过合作提高经济绩效与联盟绩效成正相关($r=0.309,P=0.000$),同时两个成本动机中降低交易成本和通过合作提高经济绩效也成正相关($r=0.781,P=0.000$)。这说明成本动机对联盟绩效有显著的正向影响,且降低交易成本的影响较大,同时成本动机间也有较强的相关性。这说明假设关系成立,系统动力模型建立与仿真结果与实际情况较相符,具有一定的科学性。

表5 成本动机指标与联盟绩效相关性分析

类别	降低交易成本	通过合作提高经济绩效	联盟绩效
降低交易成本	1	—	—
通过合作提高经济绩效	0.781**	1	—
联盟绩效	0.418**	0.309**	1

6 结论与启示

在建筑业的绿色实践发展中,建筑企业基于经济、政策、市场行业与内部的4个层面驱动,产生初步合作意愿便促进了联盟动机的产生。通过分析联盟的主要成本动机,即降低交易成本、通过合作提高经济绩效,得到成本动机对联盟绩效有促进作用的结论,通过系统动力学的仿真模拟,可较为直观地体现动态变化过程。同时随着联盟成本动机的加强,会促进企业联盟的经济行为效率、企业依赖关系进而提高联盟绩效,联盟绩效的提升也会受初始成本动机程度的影响,且在闭合的正反馈中有显著变化。得到以下启示:

①绿色实践驱动下会促使联盟动机产生。随着对生态环境的关注,我国政策大力支持发展绿色建筑。除此之外,经济需求、市场竞争与企业内部管理也是建

企业进行绿色实践的重要驱动力。而传统的建筑业发展模式,无法完全匹配新时代下绿色实践的大量需求,由此产生了建筑企业试图借助外力通过与企业合作的形式来应对的现象,即促使产生联盟动机。

②成本动机与联盟绩效成正相关关系。在建筑企业采取联盟合作的方法提升联盟绩效时,应关注成本动机对联盟绩效的影响。短时间内联盟的成本动机,并不明显影响联盟绩效增速,但长期来看,联盟的成本动机增强会产生更高的联盟绩效。如果增加成本动机的初始强度,会使联盟绩效提高,经过反馈作用,绩效提升速度加快,从而加强了建筑企业长期合作意愿,对联盟的成本动机具有积极的促进作用。

③绿色实践下建筑企业采取联盟合作,成本动机越强对联盟绩效的提升效果越佳。在其他变量保持不变的情况下,成本动机的提升对调节联盟绩效有显著效果。为此,建筑企业基于绿色实践有联盟合作意愿时,在建立目标的基础下,应充分了解组建联盟的成本动机意愿,在意愿强烈的情况下会对合作实践及绩效提升有更大的推进作用。

④联盟企业间的相互依赖程度对联盟绩效有正向影响。企业联盟作为长期合作的重要形式,相互依赖程度对联盟过程中的关系质量影响密切,且会持续关系到联盟绩效。因此,在联盟过程中的建筑企业以及相关方应保持信任与紧密的关系,明确联盟的目标并为之共同努力,实现可持续发展来提升综合效益。

参考文献

[1] DYER J H, KALE P, SINGH H. How To Make Strategic Alliances Work [J]. MIT Sloan Management Review, 2001, 42(4):37-43.

[2] WILLIAMSON O E. Comparative Economic Organization:The Analysis of Discrete Structural Alternatives[J]. Administrative Science Quarterly, 1991, 36(2):269-296.

[3] 吴小节,杨尔璞,汪秀琼. 交易成本理论在企业战略管理研究中的应用述评[J]. 华东经济管理,2019,33(6):155-166.

[4] CHEN S H, WANG P W, CHEN C M, et al. An analytic hierarchy process approach with linguistic variables for selection of an R&D strategic alliance partner[J]. Computers & Industrial Engineering, 2010, 58(2):278-287.

[5] 汤易兵,姚稳健,余晓. 标准联盟战略动机影响因素实证研究[J]. 科技管理研究,2018,38(2):125-130.

［6］ BLAYSE A M,MANLEY. Key influences on construction innovation［J］. Construction Innovation, 2004,4(3):143-154.

［7］ RAHMAN N. Duality of Alliance Performance ［J］. Journal of American Academy of Business, 2006,10(1) : 305-312.

［8］ STOUTHUYSEN K, SLABBINCK H, ROODHOOFT F. Formal controls and alliance performance：The effects of alliance motivation and informal controls［J］. Management Accounting Research, 2017:49-63.

［9］ 陈立文，赵士雯，张志静. 绿色建筑发展相关驱动因素研究：一个文献综述［J］. 资源开发与市场, 2018(9):1229-1236.

［10］ 解学梅，罗丹，高彦茹. 基于绿色创新的供应链企业协同机理实证研究［J］. 管理工程学报, 2019, 33(3):116-124.

［11］ FALKENBACH H, LINDHOLM A L, SCHLEICH H. Review Articles：Environmental Sustainability：Drivers for the Real Estate Investor［J］. Journal of Real Estate Literature, 2010 (18):201-223.

［12］ LAPINSKI A, HORMAN M, RILEY D. Delivering Sustainability：Lean Principles for Green Projects［C］. Construction Research Congress. 2005.

［13］ ANDELIN M, SARASOJA A L, VENTOVUORI T, et al. Breaking the Circle of Blame for Sustainable Buildings：Evidence from Nordic Countries［J］. Journal of Corporate Real Estate, 2015. 17(1) : 26-45.

［14］ DAS T K, TENG B S. Partner analysis and alliance performance［J］. Scandinavian Journal of Management, 2003, 19(3):279-308.

［15］ 刘娇，杨敬江. 基于知识协同的联盟企业创新绩效系统动力学模型构建与分析［J］. 工业工程, 2020,23(5):132-139.

［16］ 范建红，蒋念，卢彦丞. 联盟能力影响战略联盟知识转移的系统动力学分析［J］. 中央财经大学学报, 2016(12):110-120.

［17］ LEE, WEI-LONG. Environmental uncertainty affects inter-organisational partner selection：The mediating role of cost and strategy in alliance motivations among SMEs ［J］. Journal of Management & Organization, 2014, 20(01):38-55.

［18］ 陈国鹰,孙进书,张爱国,等.小企业加入非对称联盟动机对权力配置与绩效的影响:以水环境治理行业为例［J］.科技进步与对策,2020,37(5):95-103.

［19］ 潘东华,孙晨. 产业技术创新战略联盟创新绩效评价［J］. 科研管理,2013,34（S1）: 296-301.

[20] 杨陈,徐刚,孙金花.基于系统动力学的企业 IT 能力与联盟绩效关系研究[J].科技管理研究,2014,34(15):108-114.

收稿日期:2021-11-15。

基金项目:国家社会科学基金项目(18BJY063);

中央高校基本科研业务费专项项目(2018CDXYJG0047)。

作者简介:赵艳玲(1979—),女,山东莱州人,博士、副教授,研究方向为可持续建设、战略联盟等。

张博晗(1998—),女,河北邯郸人,硕士研究生,研究方向为企业联盟、可持续建设等。

持有型物业对上市房地产企业价值的影响研究

王贵春,张春柏

(重庆大学 管理科学与房地产学院,重庆400044)

随着我国房地产市场由"增量市场"转入"存量市场",房地产企业现有经营性物业的运营模式将同时受到政策、市场、行业的三重冲击,持有型物业由于其稳定持续的经营模式,将成为房地产企业的运营模式转型和提升价值的重要选择。本文以2016—2020年A股上市房地产公司为研究样本,对持有型物业对不同规模的上市房地产企业价值的影响进行理论分析和实证检验。研究发现:持有型物业能够显著提升上市房地产企业的价值;并且持有型物业对规模较小的上市房地产企业价值存在抑制效应,而当企业规模达到一定程度时持有型物业能够带动企业价值迅速提升。

关键词:持有型物业;企业价值;企业规模;提升效应

中图分类号:F273.4 　　　　　　**文献标识码**:A

Abstract:As China's real estate market shifts from an "incremental market" to a "stock market", the operating model of real estate companies' existing operating properties will be subject to the triple impact of policies, markets, and industries at the same time. Due to its stable and sustainable business model, held properties will become an important choice for real estate companies to transform their operating models and enhance value. This paper takes A-share listed real estate companies from 2016 to 2020 as a research sample, and conducts theoretical analysis and empirical tests on the impact of holding properties on the value of listed real estate companies of different sizes. The research found that holding properties can significantly increase the value of listed real estate companies; and holding properties have an inhibitory effect on the value of smaller listed real estate companies, and when the scale of the company reaches a certain level, holding properties can drive corporate value Raise rapidly.

Keywords：Held Properties；Enterprise Value；Enterprise Scale；Improvement Effect

1 引　言

随着我国房地产市场由"增量市场"转为"存量市场"，房地产企业间竞争加剧，能够获得长期稳定现金流的持有型物业受到投资者和企业管理者重视和关注。这种能够获得长期租金收益和产生的资金增值的持有型物业经营战略将是提升企业的市场竞争力和企业价值的重要路径。持有型物业指房地产企业开发建好后持有的物业，是长期收取租金收益的一种长期投资模式[1]，不仅能为上市房地产企业带来稳定的现金流，也会对上市房地产企业的税收成本、融资成本、代理成本的降低有所促进[1,2]，从而提升企业的业绩。

资源基础理论指出企业是众多独立资源组成的一个系统，企业因资源分配的差异导致企业竞争优势的差异。但并不是所有的企业资源都对企业可持续竞争优势和企业价值提升具有正向效应[3]，因此企业在进行资源分配的时候，要优先考虑企业战略的需要合理安排资源[4]。持有型物业在未来将成为上市房地产企业重要战略布局的产业，是企业资源分配的重心。但持有型物业能否成为企业重要盈利点和迅速带动企业的价值提升仍需进一步研究。

信息不对称理论认为信息不对称在企业经营、投资等方面是普遍存在的，交易中总有一方会因获取信息不完整而对交易缺乏信心，造成优质商品价值低估被劣等品驱逐出市场[5]。而持有型物业由于其本身的价值稳定增长和未来预期经营收益现金稳定的流入，能够减少资本市场与投资者对企业价值发生剧烈波动的看法。同时，企业拥有较多的固定资产，能够增加企业的抗风险能力，给予投资者的更多的投资信心，向投资者传递更多利好信号，降低信息不对称，从而提升上市房地产企业的市场价值。从委托代理的角度来看，信息不对称使得投资者降低对代理人的约束，通常会导致道德风险和逆向选择。债权人为了缓解代理人这种行为，会要求对企业对次优先投资决策进行补偿[5]。若房地产企业通过经营持有型物业进行多渠道的债务融资获取成本低廉的外部债务资金增加企业负债，能使得专业的债权人对公司经营状况进行分析，让投资者享受一次免费"外部审计"。同时由于企业持有负债的固定利息支出可减少闲余现金流量，限制管理层的在职消费，降低代理成本发生的可能，将使得投资者降低对次优先决策的补偿要求。债务作为担保机制也能够让管理人员努力工作,降低股权代理成本。因此,负债在提高负债代理成本的同时,也降低了股权代理成本。

已有文献研究强调企业的现金流量、净利润、资产负债率、内部管理制度、内部职工薪酬等会计指标与企业价值的影响,较少有文献对企业某项业务或者战略同企业价值进行系统性研究。并且,在学者们先前的研究中,持有型物业对企业价值的影响只受到了有限的关注,对其影响企业价值的原因和时间知之甚少。随着我国房地产市场的不断完善发展和房地产企业逐渐向持有型物业转型,持有型物业对于房地产上市公司价值的影响也在不断变化,已有的研究已经不能适应现有的情况。因此本文以我国 2016—2020 年 A 股上市房地产企业为样本,考察持有型物业与房地产企业价值之间的关系,持有型物业对不同规模的房地产企业价值的作用是否一致。

2 理论分析与研究假设

持有型物业是房地企业的一项"长线"投资,将形成企业一项长期、稳定的固定资产,优化企业的资产结构。良好的资产结构也能够降低企业的财务风险,提高企业抵抗风险的能力,向投资者传递一个稳定、持续增长的信号,增加投资者的投资信心,从而提高市场认同,增加企业价值。同时,持有型物业作为一项长期性的投资,为企业未来带来稳定的现金流流入,平衡房地产企业销售型物业的业绩波动。使得企业能够维持长期稳定的收益水平,向社会传递良好、稳定的收益信号,降低信息不对性,增加投资者的投资信心,避免优质的资产价值被低估,进而提高企业的价值[1]。

同时持有型物业形成的固定资产,作为房地产企业一项重要资产可以作为抵押物向银行等金融机构进行借款或者资产证券化,能够以更低的融资成本获得债务融资,增加企业融资渠道和降低企业的债务成本。债务融资的增加也让企业的资本结构发生改变,专业债务投资者的增加使得债权人对上市房地产企业进行专业化的监督,降低了股权代理成本[6]。并且由于债务成本允许在税前扣除[7-9],形成"税盾效应",也能够进一步降低企业的所得税成本。上述的这些机制建立在一定程度上避免了道德风险和逆向选择,使得投资者对代理成本要求的补偿降低。进一步,由于房地产开发企业的产品为自己经营使用,使得企业避免缴纳高额的土地增值税,降低了企业的税收成本;同时由于持有型也有租金的收入是未来分期稳定的流入,收入的后延让企业的所得税税收缴纳时间同样后移,企业税收支付的成本得以降低,使得企业盈利能力增强。企业的融资成本、代理成本和税收成本的降低使得企业的盈利空间增大,高额回报使得投资者增强对企业的投资倾向,将会推高上市房地产企业的市场价值。

持有型物业的长期投资属性,也使得持有型物业需要持续经营并在运营中需要企业将更多资源投入到资产的管理中。在经营管理过程中,企业核心竞争力源于企业内部的知识积累,包括研发能力、制造能力和营销能力[10],使得上市房地产企业在经营持有型物业的过程中未能在短期内获得独占性资源,但是在对持有型物业的长期运营中,上市房地产企业的资产和资金管理能力、营销能力等核心竞争力将会显著提升,使得企业能够获取更多的竞争优势,为企业的价值创造提供更多的助力。持有型物业的运营增强了上市房地产企业的核心竞争力,让上市房地产企业拥有持续竞争优势,为企业价值创造提供不竭的推力[11]。

基于上述分析,持有型物业能够增加企业的核心竞争力,降低企业的融资成本、代理成本以及税收成本,同时通过大量的资产持有和稳定的现金流向投资者传递稳定的信号,降低信息不对称,以帮助企业获得更强的盈利能力和投资者青睐,从而提升企业价值。据此,本文提出以下假设。

H1:持有型物业规模与企业价值提升具有显著的正相关关系。

然而,持有型物业重资产稳定的背后也同样消耗上市房地产企业大量的资金,使得企业债务资本的增加,过度的债务融资也将增加企业财务困境成本。上市房地产企业由于其本身的重资产的特性需要大量的资金才能够发展,对规模较小的企业而言同时经营持有型物业和经营性物业会造成企业的资金分散,资金不能得到有效的利用,使得持有型物业对企业的价值影响贡献降低,造成企业的价值并不能显著提升。只有当企业的规模达到一定程度时资金充足企业分散多元化经营能够降低企业的经营风险提升企业收益[12-15],持有型物业对企业价值影响程度才会加深,企业的价值才能得以迅速提升。而持有型物业的增加,将会扩大企业的资金需求和债务融资,小规模上市房地产企业进行债务融资极易引起负债融资过度的情形,使得企业的经营和财务风险增大,容易出现财务困境增加偿还负债的成本从而使企业的价值下降。据此,本文提出以下假设。

H2:企业规模较小时,持有型物业规模与企业价值提升具有负相关关系。

H3:企业规模达到一定程度时,持有型物业才可带动企业价值迅速提升。

综上所述,持有型物业对上市房地产企业价值的影响机理如图 1 所示。

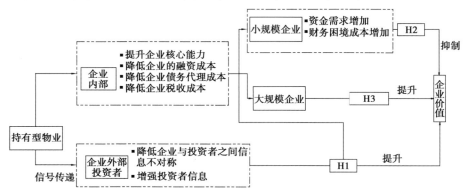

图 1　持有型物业对上市房地产企业价值的影响机理

3　研究设计

3.1　研究样本

本文以 2016—2020 年申银万国行业分类中 A 股上市的 121 家上市房地产企业作为研究样本。剔除当年被 ST 的上市房地产企业,资产负债率大于 1、净利润为负以及数据有缺失的样本,最终得到 372 家样本数据。其中与企业持有型物业相关的年报数据来自巨潮资讯网,其他数据取自 CSMAR 和 Wind 数据库。

3.2　模型设定

为了检验不同持有型物业规模对企业价值的影响,借鉴已有的企业价值研究方法[16],使用多元线性回归模型对假设进行回归检验。同时为了检验持有型物业对不同资产规模的上市房地产企业价值的影响效应,按照企业的总资产规模进行分组回归检验。

首先,根据持有型物业规模与企业价值的关系构建模型,被解释变量为用 PE指标衡量的企业价值。持有型物业规模(GM)为解释变量,B、G 等指标为控制变量,$\varepsilon_{i,t}$ 为 i 公司随机误差项为。如果 $\beta_1 > 0$,则假设 1 能够得到验证。

$$\mathrm{PE}_{i,t} = \beta_0 + \beta_1 \mathrm{GM}_{i,t} + \sum_{k=3}^{11} \beta_k \mathrm{Con}_{i,t,k} + \varepsilon_{i,i} \qquad (1)$$

本文选用 2016—2020 年的面板数据,考虑到上市房地产企业可能存在个体效应,因此本文进行如下检验,结果如表 1 所示。

表 1　个体效应的检验结果

回归方式 1	回归方式 2	检验方式	结果	结论
混合回归	固定效应（FE）	F 检验	Prob > F = 0.00	强烈拒绝方式 1
混合回归	随机效应（RE）	LM 检验	Prob > chibar2 = 0.03	拒绝方式 1
		LR 检验	Prob>= chibar2 = 0.01	拒绝方式 1
随机效应（RE）	固定效应（FE）	豪斯曼检验	Prob>chi2 = 0.00	强烈拒绝方式 1

根据样本数据个体效应检验结果,可以得出个体固定效应（FE）模型最优,因此在模型中加入个体固定效应项 $\mu_{i,t}$ 构建回归模型如下:

$$PE_{i,t} = \beta_0 + \beta_1 GM_{i,t} + \sum_{k=3}^{11} \beta_k Con_{i,t,k} + u_{i,t} + \varepsilon_{i,t} \qquad （2）$$

其次,为验证持有型物业对不同资产规模的企业价值影响效应不同,以企业总资产规模为划分标准,将所有的样本数据划分成等距的 3 组样本进行检验,并采用混合回归模型(1)进行检验。

表 2　企业规模分组表

组别	组距	样本数量
第一组	19.298 ~ 22.284	18
第二组	22.284 ~ 25.270	150
第三组	25.270 ~ 28.266	168

3.3　变量说明

（1）被解释变量

本文采用市盈率 PE 来衡量企业价值,PE 指标测度的是企业的相对价值,将公司价值与公司盈利直接联系,可以规避企业价值易被会计政策影响的问题。

（2）解释变量

本文的解释变量是持有型物业规模,度量规模的指标有资产、业务收入和从业人员,本文选择持有型物业经营收入指标度量持有型物业规模,以持有型物业收入占企业总收入的比例作为本研究的解释变量,并将资产规模度量方式作为稳健性检验指标。

持有型物业规模=持有型物业经营收入/总收入　　　（3）

（3）控制变量

为避免研究偏差,本文参考其他学者的做法在模型中加入控制变量净资产收益率(ROE)、资产负债率(DAR)等控制变量。各变量名及其定义如表3所示。

表3 变量名及其定义

变量序号	变量名称	变量简称	变量性质	变量度量方式
1	企业价值	PE	被解释变量	每股股价/每股盈利
2	持有型物业规模	GM	解释变量	持有型物业收入/总收入
3	股利支付率	B	控制变量	每股股利/每股净收益
4	股利增长率	G		本年度股利/上一年度股利-1
5	净资产收益率	ROE		净利润/股东权益余额
6	流动比率	CR		流动资产/流动负债
7	企业成长性	NPG		当期净利润/上期净利润-1
8	资产负债率	DAR		负债总额/资产总额
9	企业上市年限	AGE		企业上市年限
10	企业资产规模	AS	控制变量	总资产自然对数
11	存货周转率	CHR		营业成本/存货期末余额

4 实证结果与分析

4.1 描述性统计和相关性分析

表4是对样本的描述性统计分析结果,列出了所有变量的极大值、极小值、均值、标准差。可以观察到,样本公司持有型物业规模极大值为100,极小值为0,表明样本企业的持有型物业规模存在较大差异。企业价值指标PE指标均值为37.36,最小值为3.16,最大值为635.36,说明样本企业的价值相差较大。

表4 描述性统计分析

变量	极小值	极大值	均值	标准差
PE	3.17	635.36	37.36	64.92
GM	0.00	100.00	8.18	19.22
B	0.00	3.51	0.20	0.29
G	-1.00	12.50	0.13	1.22

续表

变量	极小值	极大值	均值	标准差
ROE	−1.08	0.37	0.08	0.11
CR	0.25	8.41	2.00	1.06
NPG	−28.21	220.74	8.30	28.25
DAR	0.08	0.94	0.69	0.18
AGE	1.00	29.00	20.04	5.35
AS	19.30	28.26	24.27	1.67
CHR	0.01	64.71	1.82	8.11

本文选取变量进行 Pearson 相关性系数分析,结果如表5 所示。从系数相关性分析可知,企业价值市盈率指标与持有型物业规模、企业规模、净资产收益率、流动比率、资产负债率、存货周转率在1% 水平上显著相关。且市盈率与持有型物业规模的相关系数为正,说明上市房地产企业价值与企业持有型物业规模成正相关,与原先预期的假设一致。

表5 Pearson 相关系数矩阵

	PE	GM	B	G	ROE	CR	NPG	DAR	AGE	AS	CHR
PE	1.000										
GM	0.392***	1.000									
B	−0.009	−0.083	1.000								
G	0.090	0.018	0.318***	1.000							
ROE	−0.233***	−0.225***	0.075	0.065	1.000						
CR	0.288***	0.232***	−0.030	0.060	−0.151***	1.000					
NPG	0.043	−0.035	0.007	0.070	0.072	−0.034	1.000				
DAR	−0.291***	−0.478	−0.024	−0.082	0.083	−.638***	−0.041	1.000			

续表

	PE	GM	*B*	*G*	ROE	CR	NPG	DAR	AGE	AS	CHR
AGE	0.049	0.126 **	−0.163 ***	−0.086 *	−0.086 *	0.127 **	0.033	−0.200 ***	1.000		
AS	−0.412 ***	−0.417 ***	−0.057	−0.107 **	0.284 ***	−0.448 ***	−0.054	0.665 ***	−0.196 ***	1.000	
CHR	0.265 ***	0.684 ***	−0.006	0.077	−0.037	0.175 ***	−0.044	−0.366 ***	0.023	−0.242 ***	1.000

注：*** 、** 、*表示在 1%、5%、10%水平上显著相关,下同。

4.2　实证检验结果

由表 6 第(1)列的回归结果可以得出,持有型物业规模与企业价值成显著正相关关系,说明持有型物业对上市房地产企业价值的提升具有重要意义,假设 1 得到验证。

由第(2)列小规模企业的回归结果可以得出,持有型物业规模(GM)$P>|t|$值为 20.5%,显著性较低。但从回归系数上看,GM 回归系数是负值,与预期的假设一致。显著性水平较低的可能原因是分组的样本数量较少,容易受极个别极端值的影响。小规模上市房地产企业持有型物业规模与企业价值成负相关关系。

由第(3)(4)列回归结果可以得出,较大规模的上市房地产企业持有型物业规模与企业价值成显著正相关关系。说明规模较大的上市房地产企业,能够通过增持持有型物业迅速提升企业的价值,假设 2 和假设 3 得到验证。

表 6　回归结果

变量	全样本(1)	分组回归		
		第一组(2)	第二组(3)	第三组(4)
常数	693.43	176.11	290.10	36.24
GM_2	1.54 ***	−0.71	1.01 ***	0.63 **
B	−6.32	1.28	3.04	3.27
G	1.32	22.07 *	3.22	1.27
ROE	−58.19 *	−9.11	−46.30	−61.87 ***
CR	−10.01	30.81	3.88	1.10

变量	全样本（1）	分组回归		
		第一组（2）	第二组（3）	第三组（4）
NPG	0.09	−0.16	0.02	−0.02
DAR	19.49	214.81	48.01	40.82 ***
AGE	−6.59 *	5.90	−0.25	−0.28 *
AS	−10.01	−19.05	−12.16 *	−1.10
CHR	−0.02	−0.20	−1.01	19.53 *

4.3　多重共线性检验

线性回归模型中各解释变量之间可能存在较强的相关关系,导致模型估计偏差较大。因此本文选用方差膨胀因子(VIF)和条件指数诊断法进行多重共线性检验。根据检验结果(表7),各变量的 VIF 均<10,所以模型不存在严重的多重共线性问题。

表7　多重共线性诊断结果

VIF 诊断		
变量	容差	VIF
GM	0.42	2.39
B	0.86	1.17
G	0.87	1.15
ROE	0.83	1.21
CR	0.56	1.77
NPG	0.97	1.03
DAR	0.34	2.92
AGE	0.91	1.10
AS	0.48	2.08
CHR	0.51	1.98

4.4　稳健性检验

为保证本文结论的稳健可靠,本文从以下两个方面进行稳健性检验:

①变更持有型物业规模度量方法,从资产规模角度来度量企业的持有型物业

规模也是学者们常用的方法,为避免经营规模可能存在的主观性,本文进一步采用持有型物业资产规模设置规模变量 GM_2,持有型物业资产占经营性资产的比例来考察持有型物业对上市房地产企业的价值影响。经过检验发现回归结果与前文表述一致。

②滞后一期持有型物业规模变量,本文选取的是面板数据,所以使用内生解释变量持有型物业规模的滞后一期作为工具变量。当期的企业价值的提升并不能影响过去的持有型物业规模,故持有型物业规模是外生的。为进一步增加本文可靠性和稳健性,将持有型物业规模滞后一期(GM_3)当作本期持有型物业规模的工具变量,进行回归检验显著性稍微降低,但与前文基本一致。

5　结论与政策启示

本文以 2016—2020 年 A 股上市房地产企业为研究样本,结合其他学者已有的成果,理论分析和实证检验了持有型物业对上市房地产企业的价值影响,并考察持有型物业对不同资产规模的上市房地产企业的价值影响效应。研究结果表明:①持有型物业的规模对上市房地产企业价值具有显著的正向影响;②持有型物业对资产规模较小的上市房地产企业价值存在抑制效应;③持有型物业对资产规模较大的上市房地产企业有着显著的正向效应,当企业规模达到一定程度时,持有型物业规模的增长可迅速带动企业价值的提升。

上述结论表明,持有型物业在房地产企业价值提升方面有着不可忽视的作用,而随着利益逐渐扩大房地产企业也将不断地向持有型物业行业涌入,并通过举债等方式筹集资金将大量资本投入房地产行业。并且市场的激烈竞争也可能导致市场的无序发展,增加国家的金融体系的不稳定性。基于此本文提出如下建议:①大规模的房地产企业应考虑增持持有型物业,以提高企业的自身价值,小规模企业应避免多元化经营,减少持有型物业收入占企业收入来源的比重,集中企业的资金进行单一化经营,提升企业的核心竞争力。②房地产企业在发展持有型物业的同时要提升自身产品质量,追求长期持续的稳定增长。③政府规范房地产企业的债务融资行为,房地产企业通过债务融资向社会筹集大量的资金可能存在资金挪作他用的情形,需政府部门加以管控,并且随着企业的债务比例增加,会增大企业的财务杠杆,使得企业的经营风险增加,需要政府控制金融体系的整体风险。④政府加强对持有型物业的融资监管。随着持有型物业债务融资的扩大,必然有不良资产流入市场进行套利。政府应加强对其监管以防投机者在投资市场投放大量不良资产造成资产泡沫,破坏市场经济秩序。

参考文献

[1] 李玉米,王燚. 持有型商业物业发展战略研究[J]. 中国城市经济, 2011(24): 61-62.

[2] 王卉. 浅析持有经营物业对房地产公司收益的影响[J]. 经贸实践, 2018(10): 79-81.

[3] BARNEY J B. Firm resources and sustained competitive advantage [M]. Advances in Strategic Managent. Bingley: Emerald(MCB UP), 2004: 203-227.

[4] PANKAJ G, LEVINTHAL D. Choice interactions and business strategy[J]. MANAGEMENT SCIENCE, 2008, 54(9): 1638-1651.

[5] AKERLOF G A. The Market for "Lemons": Quality Uncertainty and the Market Mechanism[J]. The Quarterly Journal of Economics, 1970, 84(3): 488-500.

[6] 胡泽民,刘杰,莫秋云. 股权集中度、代理成本与企业绩效[J]. 财会月刊(下), 2018(2): 25-31.

[7] 龙敏. 投资性房地产税务与会计处理之差异剖析[J]. 财会月刊, 2017,28(10): 59-63.

[8] 李成,吴育辉,胡文骏. 董事会内部联结、税收规避与企业价值[J]. 会计研究, 2016(7): 50-57.

[9] 何瑛,张大伟. 管理者特质、负债融资与企业价值[J]. 会计研究, 2015(8): 65-72.

[10] PRAHALAD C K, HAMEL G. The Core Competence of the Corporation[J]. Harvard Business Review, 1990, 68(3): 79-93.

[11] JENSEN M C, MECKLING W H. Theory of Firm-Managerial Behavior, Agency Costs and Ownership Structure[J]. Journal of Financial Economics, 1976, 3(4): 305-360.

[12] 赵洁. 多元化、内部控制与企业价值[J]. 会计之友, 2018(8): 26-31.

[13] 付瑶,尹涛,陈刚. 股权结构对企业多元化战略及企业价值的影响[J]. 统计与决策, 2020, 36(8): 185-188.

[14] 曹向,秦凯羚,印剑. 环境不确定性、多元化战略与企业价值[J]. 会计之友, 2020(23): 65-72.

[15] 段新生,李雪. 环境不确定性、企业创新与企业价值[J]. 会计之友, 2020, (23): 59-64.

[16] 蒋艳辉,赵秦艺. 品牌信息披露对企业价值的影响[J]. 财会月刊(中), 2017(26): 3-9.

基金项目:国家社科基金项目"绿色治理视角下建筑企业联盟的绩效评价与提升路径研究"(18BJY063)。

作者简介:王贵春,男,1969 年 11 月生,汉族,四川省渠县,重庆大学管理科学与房地产学院,讲师,管理学硕士,研究方向:工程财务管理、建筑技术经济。(联系电话:13668089176,邮箱:wgcwhc@ 126. com)。

张春柏,男,1999 年 3 月生,汉族,福建省三明市,重庆大学管理科学与房地产学院,硕士研究生,研究方向:工程财务管理,建筑技术经济。(联系电话:15310815246,邮箱:xxgzzcb@ 163. com)。